"*Verdaderamente libres* es un gran r
una batalla espiritual intensa a nuest
tenemos la victoria en Cristo. Este li
independientemente de las batallas que enfrente".

—Joyce Meyer
Profesora de Biblia y autora de *Una vida sin conflictos*

"Ninguna persona de éxito puede caminar en la vida sin confrontar los problemas que le detienen. Si usted quiere ir al próximo nivel en sus relaciones, en su trabajo y en su relación con Dios, entonces va a tener que identificar qué es lo que le detiene. Los principios y el consejo de Robert Morris le ayudará a empezar su recorrido hacia ser *Verdaderamente libres*".

—John C. Maxwell
Autor de *Piense, para obtener un cambio*

"Es raro conocer a alguien que no luche contra algunos pecados recurrentes o patrones de pensamiento destructivos. Es por ello que el nuevo libro del pastor Robert Morris, *Verdaderamente libre*, es una lectura obligatoria para todo el que esté cansado de sentirse atrapado en un ciclo destructivo. La sinceridad del pastor Robert es apabullante; sus sugerencias son prácticas; pero de manera más importante, su visión espiritual transforma vidas. Espero que usted lea este libro y llegue a ser *Verdaderamente libres*".

—Craig Groeschel
Pastor titular, *LifeChurch TV;* autor de *Sin filtro* y *El noviazgo*

"Este libro está lleno de verdades liberadoras que cada creyente necesita conocer. Robert tiene el don para simplificar la Biblia y hacerla práctica. *Verdaderamente libres* no es simplemente un gran libro, es una experiencia espiritual que profundizará su relación con Cristo y le hará libre para vivir como Dios lo planificó".

—Jimmy Evans
Fundador y Director general de *Marriage Today*

"*Verdaderamente libres* señala el camino a desencadenar literalmente el tormento mental, los hábitos autodestructivos, estorbos inadvertidos del orgullo, falta de perdón y pecados secretos, abriendo la puerta de la libertad plena que encontramos en la Palabra de Dios: en la mente, el alma, los pensamientos, los hábitos y las emociones. Aquí hay una libertad Cristocéntrica, cuidadosamente ejemplificada, según la Palabra y un camino dado por Dios. *Verdaderamente libres* es una exposición detallada de estudios bíblicos que revelan el poder del reino del Salvador sobre todo lo que es demoniaco, engañoso o destructor de la integridad humana".

—Pastor Jack W. Hayford
Pastor fundador de la iglesia *On The Way*

"Estoy muy agradecido por la sinceridad y valentía de Robert Morris en su libro *Verdaderamente libres*. Compartir su propia historia y consejo práctico de cómo se liberó de sus batallas personales es inspirador. Todo el que alguna vez haya luchado con superar las cadenas del pecado en su vida, definitivamente, debería leer este libro".

—Perry Noble
Pastor titular de *NewSpring Church*

"Justo en el Padre Nuestro, Jesús nos enseña a orar: 'No nos dejes caer en tentación, mas líbranos del mal'. En Su parábola del sembrador, Él presenta a Satanás llegando rápidamente para *arrebatar* la buena semilla. Amigos, está claro, estamos en una batalla: en nuestra mente y emociones, así como en nuestro espíritu eterno, y el enemigo no solamente es nuestra carne, sino el diablo mismo. Robert Morris revela la naturaleza de la lucha que todos enfrentamos y la manera segura de ganar. Todo creyente necesita leer este libro".

—Pat Boone
Activista cristiano y artista

ROBERT MORRIS

VERDADERAMENTE LIBRES

Para vivir la Palabra

MANTÉNGANSE ALERTA;
PERMANEZCAN FIRMES EN LA FE;
SEAN VALIENTES Y FUERTES.
—1 CORINTIOS 16:13 (NVI)

Verdaderamente libres por Robert Morris
Publicado por Casa Creación
Miami, Florida
www.casacreacion.com

Library of Congress Control Number: 2015947430
ISBN: 978-1-629988-16-0
E-book ISBN: 978-1-62998-846-7

Desarrollo editorial: *Grupo Nivel Uno, Inc.*
Diseño interior: *Grupo Nivel Uno, Inc.*

Publicado originalmente en inglés bajo el título:
Truly Free
por W Publishing Group impreso por Thomas Nelson,
Nashville, Tennessee, USA.

Published in association with the literary agency of Winters & King, Inc.

Nota de la editorial: Aunque el autor hizo todo lo posible por proveer teléfonos y páginas de internet correctas al momento de la publicación de este libro, ni la editorial ni el autor se responsabilizan por errores o cambios que puedan surgir luego de haberse publicado.

Impreso en Colombia

23 24 25 26 27 LBS 9 8 7 6 5 4 3 2

CONTENIDO

Este libro está dedicado a mi hermosa esposa,
Debbie, quien me ha acompañado a través
de batallas y triunfos durante más de
treinta y cinco años.

AGRADECIMIENTOS

Quiero agradecer a Marcus Brotherton. Sin su ayuda no hubiera podido comunicar lo que estaba en mi corazón de manera tan clara y efectiva. Eres un amigo al que aprecio y ¡fue un verdadero gozo trabajar contigo!

Introducción:

LIBRE AL FIN

Cristo nos libertó para que vivamos en libertad. Por lo tanto, manténganse firmes y no se sometan nuevamente al yugo de esclavitud.

—Gálatas 5:1, NVI

La falta de memoria empezó en serio el día quince del segundo mes de su nuevo calendario. Sin embargo, en el desierto, la mayoría de ellos no se molestó en llevar la cuenta de qué día era.

En su mayoría, todos acababan de darse cuenta de su sudor; cómo todos apestaban de la misma forma. Percibieron la arena que entraba a sus sandalias y que tenían entre los dedos de los pies, en los ojos y en la nariz con cada paso que daban. Sintieron el calor, cómo, respiración tras respiración, quemaba sus pulmones por el aire del desierto.

Los israelitas se dieron cuenta de la realidad en el desierto.

El agua fresca y las palmeras del oasis de Elim ya habían quedado atrás, muy lejos. La refrescante sombra del Monte Sinaí quedaba en lo borroso de la distancia. La tierra prometida parecía estar aún muy lejos, y se preguntaban si algún día llegarían allá.

La combinación de toda esa pestilencia, el calor, el polvo y la mugre del desierto formaba el ambiente perfecto para que se diera el olvido. Tal como está registrado en Éxodo 16, las quejas en ese día quince del segundo mes desde que salieron de Egipto, empezaron algo así:

"Oye" –dijo un israelita limpiándose el sudor de su frente. "¡Qué daría en este momento por estar allá, sentado a la sombra de mi antigua casa!"

"Sí", dijo otra, con la mirada perdida en el horizonte. "Nos iba muy bien allá, ¿verdad?"

Un tercero intervino. "Allá en Egipto nos sentábamos alrededor de ollas de carne y comíamos todo lo que queríamos. ¿Recuerdan todas esas cebollas frescas, los ajos y los puerros? ¡Qué sabroso!"

Sintieron que se les hacía agua la boca, aun en el árido calor.

Y a partir de allí, estallaron las quejas.

Qué tan malo era verdaderamente

¿Captó la verdad importante que los israelitas habían olvidado?

¡Ellos habían sido esclavos!

Los israelitas escaparon de la esclavitud en Egipto a través del poder de Dios, pero en el desierto aún estaban presos por su memoria selectiva de la vida en Egipto.

Allá en Egipto, pudieron haber comido cebollas frescas, ajo y puerros en raras ocasiones. Pero también trabajaron desde el amanecer hasta el anochecer todos los días, bajo las implacables órdenes de que tenían que hacer los ladrillos sin paja. Egipto vino con todo, con capataces crueles y látigos, con cadenas y grilletes, y pobreza tortuosa. Una vez, lanzaron a todos sus hijos varones al río Nilo.

Repetida y desesperadamente, los israelitas habían clamado a Dios por un libertador.

Ahora se habían olvidado que habían estado en esclavitud.

También habían olvidado que Dios había respondido su clamor. Dios había enviado un libertador para sacarlos de la esclavitud.

Pero... espere un momento. Antes de que juzguemos muy duramente a los israelitas, ¿alguna vez ha pensado cuán susceptibles somos hoy día para hacer o, por lo menos, para inclinarnos hacia lo mismo?

El Egipto del presente

Si somos cristianos, entonces el Señor nos ha libertado de la esclavitud. Por medio de la obra de Cristo en la cruz, Jesús ha removido nuestra desesperación y oscuridad, y la ha substituido por victoria, fortaleza y libertad. Lo viejo ya pasó. Lo nuevo ha llegado. Somos una nueva creación (2 Corintios 5:17). No necesitamos regresar nunca a Egipto.

Y aun así...

Una vida de esclavitud nos atrae. Nos damos cuenta que es difícil sacudirnos nuestros pensamientos antiguos e hirientes. Los vergonzosos patrones de vida, incrustados por largo tiempo continúan enredándonos, día tras día, mes tras mes, hasta año tras año.

Algunos días sentimos el peso de esos grilletes. Anhelamos ser libres para responder a Dios completamente como el pueblo que

Él creó y redimió. Pero el temor, la pesadez y la oscuridad nos rodean. No sabemos a dónde ir.

Necesitamos reconocer la realidad y la presencia del reino espiritual. Necesitamos entrar completamente en el plan de Dios para sanar nuestro mundo quebrantado. Necesitamos movernos hacia una vida de sanidad, pureza, libertad, santidad y verdad.

Pero, ¿cómo?

Finalmente libre

En las páginas siguientes, quiero explorar con usted una verdad gloriosa: que la promesa de ser libertados de nuestra esclavitud es una promesa para ser libertados *por completo.*

Olvide Egipto. Usted no quiere regresar jamás a su Egipto personal.

La realidad de ser verdaderamente libre es una que posiblemente no haya explorado por completo. Un gran problema para nosotros es que hoy día el mal existe en el mundo. Cristo ha vencido al pecado y a la muerte, sí, pero en Su sabiduría infinita, por razones que muchas veces son difíciles de comprender, a los efectos del mal todavía se les permite existir. Aún podemos ser influenciados por el mal. Aún podemos ser oprimidos por el mal. Aún podemos ser controlados por el mal. Incluso si somos salvos.

En los próximos capítulos, vamos a exponer una necesidad que quizá no sabía que tenía. Justo en este momento, hay evidencia bíblica de que usted y yo podemos estar influenciados negativamente por el mal. Ese mismo mal puede atraparnos, dañarnos, oprimirnos y herirnos; por lo general, nos hace la vida difícil, incluso nos esclaviza a patrones de vida dañinos que pensábamos haber dejado atrás.

Pero en este libro no queremos quedarnos en lo malo. Usted no escuchará historias prolongadas de lo estrambótico, lo cruel e inusual, o lo extraño. No contaré ninguna historia que le quite el sueño o historias que suenen sensacionalistas.

Al contrario, quiero resaltar la bondad, el poder y la verdad de Jesucristo. De eso se trata este libro: cómo Dios nos puede liberar. A Jesús se le ha dado toda autoridad (Mateo 28:18). Él ha vencido a la muerte, el infierno y el mal (1 Corintios 15:54–56). Ahora, Él reina a la diestra de Dios y reinará por siempre (Hechos 2:33).

La buena noticia es que, independientemente de la dificultad que esté pasando hoy, siempre hay esperanza. Claro, la tentación nunca se va del todo en esta vida. Siempre hay algo que atrae nuestros pensamientos y acciones que podrían hacer que nos sometamos nuevamente con un yugo de esclavitud (Gálatas 5:1). Sin embargo, usted necesita saber y vivirlo plenamente, que no necesita nunca regresar a Egipto. Con Jesucristo, puede ser libre al fin, libre por siempre, verdadera y finalmente libre.

Si eso es algo que usted anhela, le invito a continuar leyendo.

—Robert Morris
Dallas, Texas

Capítulo uno:

MAYOR ES ÉL

Porque nuestra lucha no es contra sangre y carne, sino... contra las huestes espirituales de maldad en las regiones celestiales.

—Efesios 6:12

Mi esposa, Debbie, y yo estamos construyendo una casa. Está en un terreno que acabamos de comprar en este país. Los trabajadores de la construcción han sido muy buenos al darnos la bienvenida cada vez que pasamos a ver el avance, y ha sido muy emocionante ver un sueño tomar forma desde los cimientos.

Sin embargo, en una visita al lugar, tuvimos un pequeño incidente que involucró a un animal. Quiero aclarar que admiro a los animales. Perros, gatos, caballos, jirafas, cebras, chimpancés. Cuando era niño me encantaba ir al zoológico, y ahora de adulto me gusta tener mascotas. Sin embargo, hay algunos animales que me hacen pasar malos ratos. Afuera en lo salvaje, está bien: vive y deja vivir. Pero adentro de mi casa o cerca de la gente que amo: mucho cuidado.

Por lo general, dentro de los límites de la ciudad, en el Metroplex de Dallas-Fort Worth, donde vivimos está bien. Pero vaya a cualquier parte fuera de la ciudad y pronto verá que Texas es la tierra de las hormigas rojas, tarántulas y... adivinó: serpientes de cascabel.

Entonces, el otro día, Debbie y yo estábamos visitando el lugar de la construcción. Ya se había echado la fundición, los pisos estaban nivelados y la estructura estaba terminada, pero eso era todo. Nuestra casa estaba completamente abierta a lo salvaje. Mientras caminábamos alrededor del lugar, Debbie se detuvo repentinamente.

"¡Robert!", dijo. "Rápido, ¡mira allá!".

En efecto, no muy lejos de donde estaba mi esposa, había una serpiente de cascabel enrollada sobre el piso de mi futuro hogar. Era fácil ver por qué había entrado. Un trabajador había dejado parte de su almuerzo, un huevo duro, en el suelo. La serpiente de cascabel se había arrastrado felizmente para tomar un bocado.

¿Qué haría en una situación así?

Pero recuerde: Yo amo a los animales. Vive y deja vivir. Pero, también, soy un texano de corazón. Si encuentro una tarántula en el lavamanos de mi baño, no trato de hacerme amigo de ella. Lo mismo pasa con las serpientes de cascabel. Tengo nietos pequeños, y no quiero un nido de serpientes venenosas en ninguna parte cerca de mi casa.

Una serpiente de cascabel es, en realidad, un crótalo, *no* es una serpiente buena. Es introvertida y no le gusta que la molesten y, regularmente, solo ataca cuando se siente amenazada. Pero si una cascabel ataca, y *lo hará* si se le da la oportunidad, tiene suficiente veneno en sus colmillos como para hacer un daño severo, hasta para matar a una persona.

¿Qué hice?

Tomé una regleta de madera que estaba a la mano, me acerqué y le aplasté la cabeza a esa serpiente.

Serpientes espirituales

¿Adivine qué? Esta misma clase de problema confronta a mucha gente. Serpientes inoportunas de tipo espiritual pueden escabullirse en nuestras casas, especialmente cuando se dejan las puertas y las ventanas abiertas. Esas serpientes espirituales son peligrosas. No se deben tratar como amigas. Hay que sacarlas.

Aunque este es el tema que queremos tratar en este libro, me doy cuenta que la idea de serpientes espirituales puede incomodar a algunas personas. De manera que quiero empezar toda esta discusión con una Escritura que es mi oración que usted la grabe en su mente y nunca la suelte. Se encuentra en 1 Juan 4:4: "*porque mayor es el que está en vosotros que el que está en el mundo*".

¡Dios es más grande!

A la larga, esto es de lo que trata este libro. Dios es siempre más grande. Gracias a Dios, no tenemos nada que temer.

¿Por qué estoy tan seguro de eso? Porque yo creo una verdad simple y clara.

Hace un tiempo, un amigo mío viajó a Haití. Es un país de profunda pobreza y de prácticas ocultistas ampliamente diseminadas. El misionero con quien se hospedó mi amigo le contó cómo él y otros habían empezado una nueva iglesia en una de las aldeas. El único terreno que pudieron encontrar y comprar para el edificio de la iglesia estaba justo a la vecindad de un médico brujo.

"¡Increíble!", dijo mi amigo. "¿No tenías miedo?".

Con aire despreocupado, el misionero se vio las uñas; parecía hasta aburrido. "No", respondió. "Nosotros tenemos a Cristo".

Esa es la verdad clara. Como creyentes, *¡tenemos a Cristo!* Nunca debemos tener miedo. Sin embargo, también es cierto que los creyentes no somos inmunes a los efectos del mal. Yo sé que es incómodo pensar en ello; pero nunca alcanzaremos los niveles de paz, gozo y efectividad a lo que somos llamados si estamos siendo influenciados por el mal en ciertos compartimientos de nuestra vida. Y si somos líderes en la iglesia, entonces será muy difícil guiar al pueblo de Dios a la libertad si nosotros mismos no demostramos un estilo de vida de libertad.

¿Hay algún área de su vida en donde, sencillamente, no puede lograr la victoria? ¿Hay algún pecado que haya confesado una y otra vez? Le ha dicho a Dios: "nunca lo volveré a hacer" pero continúa haciéndolo. ¿Lucha consistentemente contra la depresión, ira, lujuria, descontento, resentimiento, amargura, celos o desesperanza?

La influencia de la maldad espiritual es más común de lo que pensamos. Las serpientes espirituales pueden deslizarse a través de las puertas y ventanas abiertas de nuestra vida. Es necesario tratar con ellas. Necesitamos luchar con esta idea que la opresión espiritual puede sucederle a cualquiera.

Incluso a usted y a mí.

Tenemos a Cristo

La Biblia muestra que el diablo es real, y Efesios 6:10–13 nos exhorta:

> *Fortaleceos en el Señor y en el poder de su fuerza. Revestíos con toda la armadura de Dios para que podáis estar firmes contra las insidias del diablo. Porque nuestra lucha no es contra sangre y carne, sino contra principados,*

contra potestades, contra los poderes de este mundo de tinieblas, contra las huestes espirituales de maldad en las regiones celestiales. Por tanto, tomad toda la armadura de Dios, para que podáis resistir en el día malo, y habiéndolo hecho todo, estar firmes.

Observe que estamos llamados a "luchar...contra huestes espirituales de maldad". Ese es un concepto clave. Los ataques espirituales son reales y pueden provocar estragos en la vida de las personas hoy. Sin embargo, no tenemos por qué perder estas luchas espirituales porque Cristo es nuestro entrenador de lucha. Jesús nos salva. Jesús nos liberta. Él nos prepara para resistir el poder del mal y librarnos de cualquier cosa que pueda reprimirnos.

Todo poder y autoridad ha sido dada a Jesús (Mateo 28:18), y Él quiere libertarnos de la opresión espiritual. Esa es una buena noticia. La libertad está disponible para nosotros hoy. Sin embargo, nunca seremos libres si no sabemos primero que estamos esclavizados. Necesitamos saber que el problema de la mala influencia espiritual es muy real.

A luz de eso, hay una palabra de la que necesitamos hablar. Estoy consciente que hasta la palabra puede hacer temblar a las personas; sin embargo, es una palabra bíblica, así que no huyamos de ella. La palabra es *demonios*.

Algunas veces, las personas hablan de demonios en sentido metafórico. Al hablar de algún cantante famoso, dirán "ha vencido a sus demonios (generalmente algún tipo de mal hábito), y ahora regresa a los primeros lugares del ranking". O escuchará a alguien decir: "Sí, tengo que sacudirme estos demonios de mi espalda", insinuando que tiene que vencer algún tipo de problema.

No es así como la Biblia utiliza el término *demonio*. En Marcos 5, se presenta un ejemplo de un espíritu inmundo, literal, que se ha instalado dentro del cuerpo de una persona. Jesús y Sus discípulos viajaban en una barca en el mar de Galilea. Llegaron al lado sur del lago, llevaron la barca a la playa en "el país de los gadarenos" (versículo 1), e inmediatamente fueron confrontados por un hombre desnudo que corría por un cementerio. No es una imagen bonita, pero así es como la Biblia lo describe.

Los discípulos averiguaron y descubrieron que el hombre había estado viviendo entre las tumbas. Imagínese esos lugares oscuros donde el hombre dormía por la noche y comía. Día y noche gritaba y se cortaba a sí mismo con piedras. Mostraba un comportamiento peligroso y hasta tenía fuerza sobrenatural. Los habitantes de la región habían tratado de atarlo con grilletes y cadenas, pero él rompía las cadenas y los grilletes.

Cuando este hombre vio a Jesús desde lejos, corrió hacia Jesús, se inclinó ante Él y clamó a gran voz: "*¿Qué tengo yo que ver contigo, Jesús, Hijo del Dios Altísimo? Te imploro por Dios que no me atormentes*" (versículo 7).

Está claro que el espíritu hablaba a través del hombre (Jesús no atormentaría a un hombre). Y Jesús sencillamente respondió: "*Sal del hombre, espíritu inmundo*" (versículo 8).

Hablaron un poco más y el demonio reveló su nombre: Legión, un término romano que se refería a un grupo de 6,826 soldados. En otras palabras, al hombre lo afligían más de un demonio. Los demonios suplicaron no ser enviados fuera. Querían quedarse donde ya habían establecido una atadura. De manera que Jesús permitió a los demonios entrar en una piara de cerdos que pacían en la cercanía. Los demonios salieron del hombre y entraron en los cerdos, la piara se precipitó por un despeñadero y cayeron al mar donde se ahogaron.

Cuando la gente de la región oyó acerca del incidente, se apresuraron hacia el cementerio y vieron a Jesús de pie junto con el mismo hombre que alguna vez vivió entre las tumbas. Para entonces, el hombre estaba vestido y en su sano juicio. ¡Él había sido libertado!

Aquí está la aplicación de ese pasaje bíblico. Usted y yo tal vez no estemos corriendo desnudos por el cementerio de nuestra ciudad, pero todavía podemos estar influenciados por demonios. Si tenemos una dificultad específica en nuestra vida, si tenemos una debilidad constante, si tenemos un área de pecado que no podemos controlar, entonces podemos muy bien estar bajo ataque espiritual.

Quizá sea un pecado que hemos confesado una y otra vez, pero seguimos cayendo una y otra vez. Tal vez sea un área de nuestra vida sobre la que nos sentimos incapaces. Apretamos los dientes y decidimos no volverlo a hacer; pero no logramos obtener la victoria, no importa cuán fuertemente lo intentemos.

Tal vez haya un área oscura en nuestra vida: una herida del pasado o cosas ilícitas en las que nos aventuramos anteriormente. Es algo que hemos estado ocultando durante años pero que todavía nos afecta de manera negativa. Sencillamente pareciera que no podemos librarnos de esta área oscura. Lo más probable es que el problema sea opresión espiritual. No es una sencilla debilidad en nuestra vida, no si hemos luchado contra ella por cualquier cantidad de tiempo.

Anímese, hay esperanza. He estado en el ministerio por más de treinta años, y las únicas personas que he visto que no pueden ser libertadas de la opresión espiritual, son aquellas que no quieren admitir que pueden estar oprimidas espiritualmente.

Veamos juntos dos hechos bíblicos importantes.

Hecho No. 1: En realidad, los demonios sí existen

Nunca había pensado mucho en la realidad de los demonios hasta que me di cuenta que yo tenía opresión espiritual en mi vida. Yo era cristiano. Amaba al Señor. Hasta había empezado a trabajar en el ministerio, pero todavía estaba muy atado a la lujuria y a la inmoralidad. Voy a tocar esta área de pecado específica más adelante en este libro. Sin embargo, quiero contarle directamente acerca de eso en este libro para ayudar a quitar el estigma, la vergüenza y el temor asociado con la opresión espiritual. Como creyentes, necesitamos ser transparentes y responsables ante los demás en cuanto a nuestras luchas y debilidades.

Sí, yo fui responsable de mi propio pecado, pero había otros factores involucrados que me atrapaban en el pecado.

Yo podía estar frente a una iglesia, predicando la Palabra de Dios. Miraba a una mujer hermosa sentada en la segunda fila y trataba de usar todo el poder de mi voluntad para resistir pensamientos de lujuria. Intentaba de todo para bloquear esos pensamientos.

Oré por ese problema. Busqué por toda mi Biblia con la esperanza que, repentinamente, me llegara una respuesta clara. Hasta leí uno o dos libros de autoayuda. Pero a pesar de lo mucho que luché, no pude vencer mi problema.

Quizá usted tenga un problema similar del que no puede deshacerse. Tal vez usted también esté bajo el poder de la lujuria; o su problema sea la falta de perdón, amargura, ira, glotonería o desesperanza. Usted quiere librarse, pero no importa cuánto lo intente, no parece lograrlo.

Si esta es su experiencia, su problema podría ser el resultado de opresión espiritual.

Una de las estrategias más grandes de Satanás es engañar a la gente para que piense que él no existe. Es tan común pensar en Satanás y sus hordas como un montón de imágenes de dibujos animados. Satanás es solamente el pequeño diablillo rojo de cola puntuda con una horca en su mano, sentado sobre el hombro de alguien. Seguramente da risa; nadie lo tomaría en serio: aun si existiera.

Sin embargo, la Escritura enseña que Satanás y sus demonios son muy reales. No hay nada de cómico acerca de ellos, y necesitamos tomar muy seriamente su existencia.

Mateo 12:24 se refiere a Satanás como "el príncipe de los demonios", él es el líder de la manada. La palabra *demonio* aparece 62 veces en la versión bíblica La Biblia de las Américas, y otro número similar en otras versiones de la Biblia. La cantidad varía sencillamente porque la palabra está traducida de manera un poco diferente.

Solo en los Evangelios, la palabra *demonio* se menciona 48 veces. Piénselo. Jesús trató directamente con demonios o habló acerca de demonios 48 veces. La palabra aparece en el Antiguo Testamento y recorre todo el resto del Nuevo Testamento también, pero aparece con más frecuencia en los Evangelios porque fue durante el tiempo que Jesús vivió sobre la tierra, y Él vino *"a poner en libertad a los oprimidos"* (Lucas 4:18, NVI).

Él predicó el evangelio, sanó a los enfermos y echó fuera a los demonios (Mateo 11:2–5; Marcos 1:34–39), que es exactamente lo que Él mandó a hacer a Sus discípulos (Mateo 10:5–8).

La Escritura indica que los demonios son ángeles caídos. Son espíritus sin cuerpo. Antes del inicio del tiempo, se llevó a cabo una poderosa batalla entre el bien y el mal. Una tercera parte de los ángeles se unió a Satanás y cayeron junto con él (Apocalipsis 12:3–9). Esa es una mala noticia. Pero la buena noticia se relaciona con matemática simple. Si una tercera parte cayó, entonces dos terceras partes no cayeron. Amigos, estamos en el equipo ganador.

La verdadera buena noticia es que, al final, la matemática no es el factor importante. La Escritura es clara en que Jesús es mayor que Satanás y todas las huestes de demonios combinados. ¿Recuerda ese versículo al que le animé que se aferrara? *"Porque mayor es el que está en vosotros* [Jesús] *que el que está en el mundo"* (1 Juan 4:4).

Los demonios fueron reales en el tiempo de Jesús, y también lo son para nosotros hoy. Si no creyéramos en demonios, entonces tendríamos que quitarle mucho a la Biblia y al ministerio de Jesús. Eso es exactamente lo que algunos tratan de hacer, que se hacen llamar expertos. Aseguran que Jesús solamente aparentó echar fuera de las personas a los demonios porque la cultura de ese tiempo creía en demonios. Según su escuela de pensamiento, se echaba la culpa a la posesión demoníaca por los problemas físicos y mentales que ocurrían de manera natural. El tratamiento común para dichos problemas en las supersticiones premodernas del Medio Oriente del primer siglo, era echar fuera a los demonios. Así que Jesús estuvo de acuerdo con esa práctica por respeto a esa cultura en particular.

Esa línea de pensamiento es una profanación de la Escritura. Nunca se deje atrapar por una herejía como esa. En los siglos pasados, el procedimiento médico de sangría era usado comúnmente con la esperanza de curar varias enfermedades. Hoy, sabemos que esa sangría es extremadamente dañina, no es útil. Si Jesús hubiera venido a la tierra durante la Edad Media, ¿habría dejado sangrar a la gente a propósito solo para que la gente lo aceptara? Por supuesto que no.

Efesios 6:11–12 y otros versículos dejan en claro que toda una horda de espíritus caídos, literalmente, existe y están presentes en "los últimos tiempos" (1 Timoteo 4:1). Y ¿por qué los pasajes en los Evangelios diferenciarían entre enfermedad y posesión demoníaca si la opresión demoniaca no fuera real? Mateo 9:32–33, por ejemplo, relata la historia de un hombre que era "mudo y estaba endemoniado".

C. S. Lewis escribió en el prefacio de su libro, Cartas del diablo a su sobrino (*The Screwtape Letters*):

> *En lo que se refiere a los diablos, la raza humana puede caer en dos errores iguales y de signo opuesto. Uno consiste en no creer en su existencia. El otro, en creer en los diablos y sentir por ellos un interés excesivo y malsano.*[1]

Mi buen amigo, el pastor Jack Hayford, al parafrasear a Lewis, lo dice de esta manera: "Hay dos grupos de personas que a Satanás absolutamente le encantan y por quienes se emociona: los escépticos y los supersticiosos".[2]

Escépticas son las personas que creen que los demonios no existen o que solamente existieron en el tiempo de Jesús. A Satanás le encanta esta gente porque si se supone que él no existe, entonces no se le considera como una gran amenaza ¿correcto? Si usted no cree en Satanás, entonces no hay razón para prestarle atención a 1 Pedro 5:8: "*Sed de espíritu sobrio, estad alerta. Vuestro adversario, el diablo, anda al acecho como león rugiente, buscando a quien devorar*".

Los supersticiosos, por otro lado, tienden a ver a Satanás detrás de todo arbusto. Ellos creen que todo problema, toda enfermedad, toda dolencia, todo pecado es provocado por un demonio. Eso también es una mentira. La Biblia es clara en que algunos problemas son solamente eso: problemas. No fueron causados por un demonio, sino que sucedieron en el curso normal de la vida. Después de que Jesús fue al desierto y ayunó durante cuarenta días y noches, tuvo hambre (Lucas 4:1–2). Su hambre no fue causada por un demonio. Simplemente, fue el resultado de pasar tiempo sin alimento.

La Escritura también es clara en que nuestros pecados, de manera muy similar, pueden ser provocados por nuestros propios malos deseos (Santiago 1:13–14), nuestra carne (naturaleza humana: Gálatas 5:19–21), la "vanagloria de la vida" (1 Juan 2:16), y los malos pensamientos (Marcos 7:21–22). No todos los pecados son motivados por la influencia demoníaca. No podemos decir: "El diablo me obligó a hacerlo", cada vez que caemos en problemas. Parecería ser una excelente forma de zafarnos, pero muchas veces, no es verdad.

Tanto los escépticos como los supersticiosos están engañados, y si usted cae en uno de esos campos, necesita moverse al campo de en medio. Nosotros no somos escépticos, y tampoco supersticiosos. No negamos a los demonios y tampoco los vemos como la raíz de todos los problemas. Solo necesitamos saber y reconocer que existen y que esa opresión espiritual puede sucedernos.

Hecho No. 2: Los demonios pueden influenciar y oprimir a la gente, aun a los cristianos

En algunas iglesias hoy día, es común enseñar que el *discipulado* es la única solución para los problemas de la vida. Por discipulado queremos decir que la gente debería leer la Biblia, orar y seguir a Jesús. Y el discipulado es algo muy bueno. La iglesia que yo dirijo se dedica mucho al discipulado. La Gran Comisión que se encuentra en Mateo 28:18–20 deja en claro que debemos hacer discípulos a la gente de todas las naciones. Debemos bautizarlos y enseñarles a guardar todas las cosas que Jesús mandó. Eso es discipulado.

Sin embargo, observe que dentro del ámbito de los mandamientos de Jesús viene la palabra *liberación*. Si una persona lee la Biblia, ora y sigue las enseñanzas de Jesús, eso es bueno. Algunas veces, necesitamos ser libertados, que nos suelten de la atadura de la opresión espiritual. Jesús vino a libertarnos, y una persona no puede ser libertada si no sabe que puede estar bajo opresión.

Una gran parte de la iglesia ha subestimado la profundidad y la amplitud de libertad que Jesús compró para nosotros con Su muerte. Sí, en Cristo, hemos sido libertados de la maldición de ir al infierno cuando muramos. Esta es la mayor liberación. Y, sin duda, hemos sido libertados en esta vida del yugo de culpa y vergüenza del pecado. Aun así, hay dimensiones de libertad que algunos creyentes y sus pastores han pasado por alto.

Tengo un amigo cercano que fue salvo durante el movimiento *Jesús* en 1970. En ese entonces, él llevaba un estilo de vida hippie: experimentando con drogas, viajando de mochilero por todo el país y haciendo todas las cosas de esa clase. Luego fue salvo. Empezó a asistir a una iglesia que creía fuertemente en la Biblia y que entendía la realidad de la guerra espiritual. Fue a una universidad bíblica muy sólida que entendía la guerra espiritual. Luego, quería ministrar internacionalmente, de manera que fue a una escuela de idiomas donde conoció a algunos misioneros de otro trasfondo espiritual quienes no creían en la guerra espiritual. Él estaba sorprendido. Más o menos, creían en demonios, pero definitivamente nunca orarían por la liberación de nadie. Ellos simplemente creían que Dios se haría cargo si la persona seguía yendo a la iglesia y haciendo cosas buenas.

Mi amigo les preguntó abiertamente: "¿Ustedes no echan fuera a los demonios?".

Y ellos dijeron: "Bueno, no".

Luego, él plateó esta pregunta maravillosamente sincera: "Entonces, ¿los dejan dentro?".

La Biblia explícitamente manifiesta los dos objetivos del ministerio terrenal de Jesús. Su misión era *"buscar y salvar lo que se había perdido"* (Lucas 19:10), pero también era *"destruir las obras del diablo"* (1 Juan 3:8). Como pastor, tengo un asiento de primera fila para observar tales obras del diablo y de sus secuaces. Los he visto encadenar a la gente a hábitos de vida no saludables, patrones de comportamiento destructivo y ciclos de fracaso. Y, sí, hay componentes físicos y mentales para muchas de estas adicciones, obsesiones y ataduras. Sin embargo, también hay un componente espiritual claro y real, y definitivamente no le sucede solamente a los no creyentes.

Podemos nacer de nuevo, podemos conocer la Palabra de Dios e incluso podemos creer que hemos sido llamados al ministerio de tiempo completo, pero eso no significa que automáticamente vamos a andar en la libertad que tenemos por el hecho que Jesús murió por nosotros. De hecho, alcanzar y mantener la libertad requiere atención, esfuerzo y vigilancia.

Jesús compró nuestra libertad, en parte, para que pudiéramos disfrutar de un estilo de vida de libertad. Así que, si podemos experimentar un estilo de vida de libertad, entonces, es lógico asumir que también podemos ir en sentido contrario y experimentar un estilo de vida de opresión y hasta de ataduras. Podemos fallar en andar en la libertad completa que nos pertenece. La segunda parte de Gálatas 5:1 nos advierte de esto exactamente: "Para libertad fue que Cristo nos hizo libres; por tanto, permaneced firmes, *y no os sometáis otra vez al yugo de esclavitud*".

Parte de nuestro desafío en entender todo esto es que tendemos a pensar en los demonios en términos de lo que hemos visto en Hollywood. Imaginamos la cabeza de una joven dando vueltas o a un hombre que se mira al espejo y ve otro rostro viéndolo a él. Algunas manifestaciones demoníacas públicas podrían suceder de vez en cuando, pero la influencia demoniaca en nuestra vida es, generalmente, más sutil.

Otro problema de comprensión podría provenir del término "posesión demoníaca" como se encuentra en Mateo 4:24 y en Marcos 1:32 para describir a la gente que Jesús sanó. La palabra original, griega, es *daimonizomai: daimoni* que significa "demonio" y *zomai*, traducido "poseído o posesión".[3] En español, poseer algo significa ser dueño de ese algo. Pero *zomai*, usado con muy poca frecuencia, realmente no significa propiedad. Significa tener el dominio o ganar el control sobre algo. Por ejemplo, en Lucas 21:19, la palabra raíz para *zomai* se utiliza en este versículo: "*En vuestra paciencia poseeréis vuestras almas*" (JBS).[4] Jesús no estaba diciendo que necesitamos ser dueños de nuestra alma porque le pertenecen a Él. Al contrario, Él estaba diciendo que necesitamos ganar control sobre nuestra alma.

Me doy cuenta que la frase "posesión demoníaca" está muy cargada hoy día y que toda clase banderas rojas surgen de inmediato cuando se menciona. Así que tal vez sea más útil pensar en la posesión demoníaca como demonios "ganando poder o influencia sobre" la gente. Algunas veces, las influencias vienen de afuera, tentándoles al mal o acosándoles y avergonzándoles acerca del pecado confesado. Otras veces, la influencia demoníaca puede venir del interior; haciendo, verdaderamente, que la gente actúe o piense de cierta manera.

Algunos eruditos insisten en que los cristianos no pueden ser influenciados por un demonio porque el Espíritu Santo habita en ellos. Si Dios vive dentro de una persona (razonan ellos), entonces, ¿cómo puede vivir un demonio allí, o siquiera ganar un punto de entrada para acosar al individuo? Sin embargo, la Escritura enseña que Dios es omnipresente. Si Dios está en todas partes y los demonios aún pueden existir en el mundo de Dios, entonces los demonios pueden existir donde Dios también existe dentro del cuerpo de una persona. Y si definimos posesión en su sentido original de ganar control sobre alguien, entonces está dentro de los límites bíblicos decir que la influencia demoniaca puede provenir desde dentro del creyente.

Un cristiano no puede ser propiedad de un demonio. De ninguna manera. Pero ¿puede un cristiano estar bajo la influencia de un demonio o estar bajo el control de un demonio, aun desde el interior? Definitivamente.

El diccionario griego-inglés *The Louw and Nida Greek-English Lexicon* ofrece información adicional sobre la influencia demoníaca: "Uno no puede decir de una persona que 'está poseída por un demonio'. Una expresión más apropiada sería 'la persona posee un demonio'. En otros casos se utiliza la frase idiomática: 'el demonio maneja a la persona' o 'el demonio manda a la persona'".[5]

Uno de los ejemplos escriturales más claros de la influencia demoníaca sobre los creyentes, se encuentra en 2 Corintios 12:7, donde Pablo declara: "*Y dada la extraordinaria grandeza de las revelaciones, por esta razón, para impedir que me enalteciera, me fue dada una espina en la carne, un mensajero de Satanás que me abofetee, para que no me enaltezca".* Note que Pablo dijo un "mensajero" (*angelos*) de Satanás había sido enviado para ser una espina en su "carne" (*sarki*). Estas palabras sugieren que un ángel de Satanás, también conocido como demonio, estaba afligiendo su cuerpo físico.

El espíritu de un creyente nacido de nuevo ha sido traído a la vida y sellado por el Espíritu Santo de Dios (Juan 6:63; Efesios 2:1–5; 1 Pedro 3:18). Sin embargo, tal como Pablo lo deja en claro en otra parte, los creyentes pueden vivir por la carne o vivir por el Espíritu Santo. Según Efesios 4:26–27, cuando escogemos vivir por la carne (tal como cuando cedemos a la ira), "damos lugar" al diablo, dándole la oportunidad para influenciarnos. La palabra griega utilizada aquí es *topos*, lo que significa un lugar o posición geográfica, desde la cual puede controlarnos. La palabra también se traduce algunas veces como "punto de apoyo".[6]

Independientemente de cómo se presente la influencia demoníaca, desde afuera o el interior de nuestros cuerpos, estamos llamados a siempre ser diligentes. Nunca somos llamados a actuar de forma extraña o a perder el equilibrio en lo concerniente a esta materia. Somos llamados a mantener un equilibrio sano entre los extremos discerniendo y respondiendo con autoridad a las ataduras y los espíritus demoníacos mientras ayudamos a los demás a reconocer y aceptar su propia responsabilidad por las decisiones en su vida.

Si queremos crecer como cristianos, ambas palabras: discipulado y liberación, están incluidas. Necesitamos tanto liberación como discipulado. El pastor Hayford dice: "¡Usted no puede discipular a un demonio y tampoco puede echar fuera a la carne!".[7] El discipulado y la liberación van de la mano.

Buenas noticias por delante

¿Cómo una persona llega a ser influenciada de manera demoníaca?

En Juan 10:1, Jesús dijo: *"En verdad, en verdad os digo: el que no entra por la puerta en el redil de las ovejas, sino que sube por otra parte, ése es ladrón y salteador"*. El redil es donde están las ovejas, los creyentes. El diablo viene a robar, matar y destruir (versículo 10), y no puede entrar por la puerta. Así que trata de entrar de alguna otra forma. Lo hará por cualquier medio del que pueda disponer.

Imaginemos que una noche usted está arriba, en su dormitorio, y escucha el timbre de la puerta. Baja y ve por la mirilla y observa que hay un ladrón allí. O sea, este ladrón es claramente un ladrón. Tiene la cara cubierta con una gorra pasamontañas, lleva una escopeta recortada y está apuntando directamente a su puerta. Tiene una bolsa vacía que, claramente, quiere llenar una vez logre entrar. Él hasta podría estar llevando un rótulo que, descaradamente, dice: "¡Peligro! Soy ladrón. Voy a hacerle daño".

¿Qué haría?

Bueno, sin duda aseguraría su puerta. Buscaría ayuda. Llamaría a la policía. Correría al segundo nivel a buscar el bate de béisbol que esconde bajo su cama para estar preparado para lo peor.

¿Qué *no* haría? Eso está muy claro, ¿verdad?

No abriría la puerta, ni un centímetro, solo para ver al ladrón más de cerca. No entablaría una conversación con él para conocer más acerca de sus malos caminos. No le daría la mano mientras él se queda de pie en la puerta y, definitivamente, tampoco lo invitaría a entrar a su casa para que pudiera sentarse un rato en la sala y ponerse cómodo.

¿Adivine qué? Eso es exactamente lo que muchísima gente hace cuando el ladrón demoníaco llega afuera de sus puertas. En lugar de resistir al diablo (Santiago 4:7), abren la puerta un poco e, inadvertidamente, lo invitan a pasar.

Digamos que un cristiano bebe mucho alcohol y se emborracha. Luego, sube a su carro, empieza a conducir y trágicamente provoca un accidente, tal vez hasta una muerte. ¿Es el alcohol dueño de esa persona? No, ella todavía es una creyente. Dios es su dueño. Pero claramente estaba *bajo la influencia de* ese alcohol. El alcohol hizo que ella hiciera algo completamente fuera de carácter. Dañó a personas. Se dañó a sí misma. Al consumir demasiado alcohol, abrió la puerta al mal para que la influenciara.

O digamos que un hombre mira pornografía. Acaba de abrir una puerta al enemigo y el enemigo la empujará para entrar. El enemigo no será dueño del hombre, pero lo influenciará. Normalmente, el hombre es un buen esposo y padre. Pero con la influencia del enemigo, puede acabar haciendo algo totalmente fuera de carácter que lo sorprenda a él y a todos a su alrededor.

En este punto, usted podría estar empezando a preocuparse, pensando que tiene un problema con la opresión espiritual. Si lo tiene, no quiero que se sienta culpable o avergonzado por eso. Ni siquiera quiero que sienta miedo. La buena noticia es que usted puede ser libre de la opresión. Satanás tratará de hacerle pensar que ha pecado demasiado o que usted es una persona débil. Pero todo eso es mentira. Satanás no tiene el poder para impedirle venir a Jesús.

Es posible que usted le haya dado al mal una fortaleza en cierta área, pero Jesús siempre ofrece una manera para ser libre.

En las siguientes páginas, vamos a ver más de cerca cómo liberarse y qué significa ser libre, pero empecemos aquí ahora mismo con las verdades que hemos examinado en este capítulo. Sí, los demonios son reales. Y...sí, verdaderamente pueden influenciar, controlar, oprimir y poseer a las personas, pero esta es la gran noticia: ¡Jesús realmente liberta a las personas!

En Lucas 10:17, Jesús envió setenta de Sus discípulos a los campos de Galilea para ministrar a las personas. Los discípulos regresaron emocionados con este reporte: "Señor, hasta los demonios se nos sujetan en tu nombre".

Jesús no se sorprendió. Al contrario, les dio la siguiente respuesta victoriosa: "*Yo veía a Satanás caer del cielo como un rayo. Mirad, os he dado autoridad para hollar sobre serpientes y escorpiones, y sobre todo el poder del enemigo, y nada os hará daño*" (versículos 18–19).

Jesús no estaba animando a Sus discípulos a ir y presumir de la habilidad espiritual para hollar serpientes y otras criaturas venenosas. Él estaba respondiendo a su reporte acerca de los demonios. A través del ministerio de Jesús, los demonios fueron hechos esclavos, obedientes y sumisos.

Jesús no terminó allí. Dijo: *"Sin embargo, no os regocijéis en esto, de que los espíritus se os sometan, sino regocijaos de que vuestros nombres están escritos en los cielos"* (versículo 20). Ese es siempre el enfoque principal de cualquier discusión espiritual: Jesús ofrece libertad y vida.

Y allí es donde me gustaría terminar este capítulo: en Jesús. Él es a quien siempre quiero adorar. Él es quien siempre recibe la gloria.

¿Me permitiría orar por usted? Dios no está limitado por el tiempo y el espacio, o por las páginas de un libro. Mientras escribo estas palabras, oro por usted. Pido que si se siente inquieto en esta área, que pueda darse cuenta que Jesús le ofrece libertad. Él siempre se preocupa por usted. Él siempre le ama. Sus brazos siempre están ampliamente abiertos para que usted regrese a casa.

Haga esta oración conmigo:

> *Señor, Tú eres grandioso. En Ti está todo el poder y la autoridad. Necesito ser libre. Estoy siendo oprimido. Estoy en atadura y quiero dejar de poner excusas por ello y no quiero tener miedo. Señor, en el nombre de Jesucristo, por favor, libértame. Amén.*

Recuerdo que cuando me di cuenta que estaba en atadura, estaba muy preocupado. Pero mientras más pensaba en ello y más leía la Palabra de Dios, más esperanza tenía porque me di cuenta de que podía ser libre.

Esta es una promesa de la Palabra de Dios: *"Así que, si el Hijo los hace libres, ustedes son verdaderamente libres"* (Juan 8:36, NTV). Esa es una gran noticia para nosotros, pero es un proceso. Y necesitamos cerrarle las puertas y ventanas de nuestra casa al mal. En el siguiente capítulo hablaremos más de cómo hacer eso exactamente.

Preguntas para meditar o discutir en grupo

1. Los demonios son reales. La Escritura dice que eso es cierto, tan cierto para nosotros hoy como lo fue para la gente en los tiempos de la Biblia. Cuando estaba creciendo, ¿qué creencias le enseñaron en relación a lo sobrenatural? ¿Tiene un trasfondo que hizo que creyera que los demonios no eran reales? ¿O fue criado en una cultura de supersticiones, que no solamente creía en los demonios, sino que además les temía? Explique.

2. ¿Cuáles son algunas de las indicaciones en las que una persona podría estar bajo la influencia de un demonio?

3. ¿Alguna vez ha sido libertado de una influencia maligna en su vida? ¿Fue sanidad inmediata o le llevó Dios a través de un proceso? Explique.

4. Lea nuevamente 1 Juan 4:4. ¿Cuál es la fuerte verdad de este versículo que usted siempre debe tener en mente?

5. Pídale a Dios que le muestre si hay un área en su vida donde Él quiera libertarle.

Capítulo dos:

TRES GRANDES SEÑALES DE ALERTA

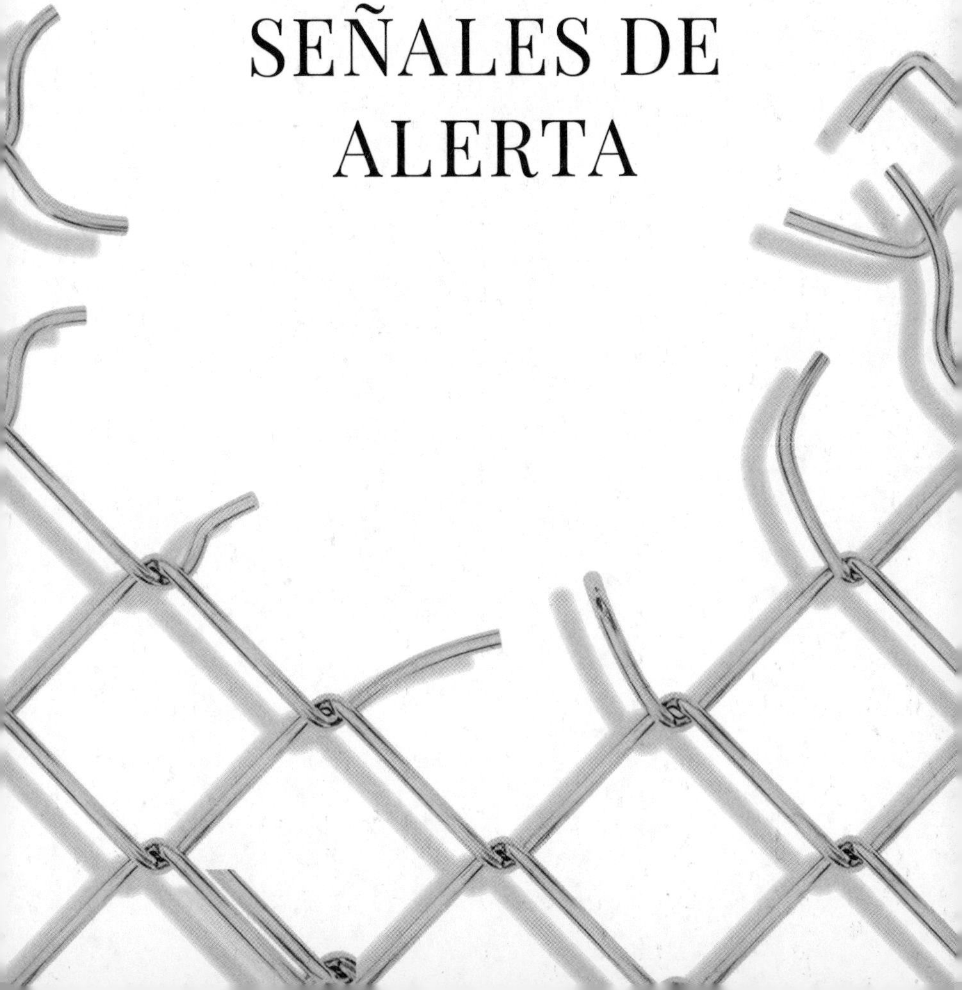

No den lugar al diablo.

—Efesios 4:27

Yo fui un niño enfermizo, como solían decir. Lo que pueda imaginarse, yo lo tuve: tos, resfríos, dolor de oídos y de cabeza, secreción nasal y ojos llorosos, dolor de garganta y de estómago.

Además, era propenso a los accidentes. Cuando tenía solo tres años, quería ser como los pilotos de NASCAR que veía en la televisión. Pero no podía manejar; así que, en vez de eso, me subía sobre mi triciclo, pedaleaba sobre la llanta de enfrente con todas mis fuerzas y daba algunas vueltas cerradas exitosamente, pero una de esas veces me caí y me golpeé muy duro. Mis dos dientes de enfrente atravesaron mi labio inferior y realmente necesité dos cirugías para reparar el daño. Después de eso, mi labio inferior era más grande que el de los demás niños. Me odiaba a mí mismo por eso. Cuando me uní a la banda de la escuela, la maestra dijo: "Vaya, tú serías muy bueno tocando el trombón con esos grandes labios". Hasta el día de hoy, todavía puedo sentir la cicatriz que tengo en ese labio.

Crecí, pero las cosas no cambiaron mucho. Con el paso de los años, me he quebrado 16 huesos. He tenido tantos accidentes que ya perdí la cuenta, también he tenido accidentes muy extraños; accidentes en bicicleta, en motocicleta, montando caballo, montando toros. Hasta tuve un accidente jugando *disc golf*. Más de una vez he predicado con el brazo en un cabestrillo. Justo después de haberme casado, tuve un colapso pulmonar y necesité cirugía de emergencia. Hasta fui atropellado por un carro. Durante muchos años creí que tener tantos accidentes y enfermarme tanto era normal.

Luego, hace algún tiempo, empecé a pensar. *Quizás no es normal estar tan lastimado todo el tiempo; no para mí, no para nadie. Quizás algo más está pasando.*

Algo espiritual.

Empecé a estudiar la Biblia buscando específicamente cómo Satanás puede atacarnos, y me di cuenta muy rápidamente que una de las formas en que el busca dañarnos es robándonos nuestra salud.

Ahora bien, definitivamente no estoy diciendo que toda enfermedad, padecimiento o accidente sea resultado de la opresión espiritual. Sin embargo, es cierto que la Biblia hace concesiones para que *algo* de nuestra propensión a la enfermedad sea causado por este medio. Satanás siempre está buscando puertas de oportunidad abiertas en nuestra vida. Él no busca ser nuestro dueño, sino controlarnos e influenciarnos y herirnos en cualquier manera que pueda.

El apóstol Pablo nos exhortó a que no fuéramos ignorantes de las estratagemas del enemigo. Tal como vimos en el capítulo 1, es posible que nosotros "demos lugar" al enemigo (Efesios 4:27), o, como lo traduce la Nueva Versión Internacional, que le "demos cabida". Cuando emprendemos ciertas actividades, le damos argumentos jurídicos al diablo para reclamar su territorio. Pablo describió este territorio más a fondo en 2 Corintios 10:4, donde utilizó la palabra "fortaleza".

La buena noticia es que si el problema en nuestra vida tiene una raíz espiritual, entonces Jesús puede librarnos fácilmente y sacar esa raíz espiritual. Su obra en nuestra vida hace que la verdadera libertad sea posible.

¿Cuál es nuestra responsabilidad?

Nuestra responsabilidad es identificar esas áreas en nuestra vida, en donde los puntos de apoyo o las fortalezas pudieron haberse creado; esas áreas en donde se le han dado argumentos jurídicos a Satanás. Identificarlas es el primer paso para que seamos libres. Este es seguido por la confesión, oraciones de liberación y llenarnos continuamente del Espíritu Santo, tal como examinaremos con mayor profundidad en capítulos posteriores.

Así que empecemos con la identificación. Examinemos nuestra vida y busquemos tres grandes señales en que las puertas en nuestra vida podrían haber sido abiertas al mal. Si cualquiera de lo siguiente está presente en nuestra vida, entonces la opresión espiritual es una posibilidad.

#1: Iniquidad continua

Iniquidad significa pecado. Iniquidad continua significa pecado voluntario y habitual. Esa es una señal que posiblemente hayamos permitido que algunas serpientes espirituales se cuelen en nuestra casa.

La Biblia dice que todos pecamos y no alcanzamos la gloria de Dios (Romanos 3:23). Hay algunos pecados que pueden envolvernos fácilmente (Hebreos 12:1). Algunos pecados son provocados, sencillamente por nuestra naturaleza carnal, normal (Gálatas 5:17). De manera que no estoy diciendo que cada vez que pecamos sea porque un demonio nos haya influenciado; no estoy diciendo que cada vez que pecamos llegamos a ser controlados o influenciados por un demonio.

Aunque, si pecamos continuamente una y otra vez en la misma área específica, o si voluntariamente pecamos, burlándonos de Dios, entonces es una gran señal de peligro de que algo más profundo está sucediendo en nuestra vida, algo influenciado por el mal.

El pecado recurrente puede ser tanto una causa como un efecto. El pecado habitual en nuestra vida puede abrir la puerta a la influencia del mal. Pero la presencia del pecado habitual también puede evidenciar que ya ha entrado algo malo.

Digamos que una mujer está continuamente celosa de los demás. Esos celos pueden abrir una puerta al maligno. La mujer está permitiendo pensamientos distorsionados y engañosos en su mente que la influenciarán. Estos pensamientos dañinos definitivamente no provienen de Dios. Así que pregúntese a sí mismo: *¿Dónde se originan estos pensamientos?*

Podemos estar en atadura a un pecado habitual y ni siquiera estar conscientes de ello.

Una de las mejores ilustraciones en la Biblia, acerca de este tema, se encuentra en Juan 8. Jesús estaba enseñando en el templo. Los escribas y los fariseos le llevaron a una mujer sorprendida en adulterio. Ellos literalmente querían que Jesús la condenara; que les diera argumentos jurídicos para apedrearla hasta que muriera. En lugar de eso, Jesús se inclinó y escribió en la tierra con Su dedo; pero cuando hubo terminado, Él se levantó y pronunció estas palabras famosas: *"Aquel de ustedes que esté sin pecado, que le arroje la primera piedra"* (versículo 7, RVC).

Uno por uno, los acusadores de la mujer se fueron, furiosos. O quizá se fueron cabizbajos por la vergüenza; no sabemos con exactitud cómo se fueron. Sí sabemos que volvieron después ante Jesús para hacerle más preguntas. El texto indica que algunos de estos habían llegado a creer en Él. Jesús les dijo a estos creyentes: "*Si vosotros permanecéis en mi palabra, verdaderamente sois mis discípulos; y conoceréis la verdad, y la verdad os hará libres*" (versículos 31–32). En otras palabras, Jesús estaba diciendo: "Oigan, si verdaderamente quieren ser libres, pueden serlo, pero no es una garantía. Van a necesitar permanecer en Mi Palabra".

La oferta de permanecer es un gran regalo, pero preste atención a la respuesta de los creyentes judíos. Para mí, es una de las declaraciones más graciosas en la Biblia: "Somos descendientes de Abraham y *nunca hemos sido esclavos de nadie*" (versículo 33, énfasis añadido).

¿En serio? ¿Ellos nunca habían sido esclavos de nadie?

¿Habían leído su historia alguna vez? Muchísimos años atrás, cuando fueron esclavos en Egipto bajo el Faraón. Luego, después de haber entrado a la tierra prometida y que la época de victoria había terminado, cayeron en una adoración habitual a los ídolos y en iniquidad. Fueron conquistados por una serie de capataces nacionales: caldeos, babilonios, asirios y griegos. Y en el exacto momento en que le dijeron eso a Jesús, estaban políticamente esclavizados a los romanos.

Mire nuevamente la declaración de ellos: *"Somos descendientes de Abraham y nunca hemos sido esclavos de nadie"*.

Error. ¡Ellos habían sido esclavos de todos! Vaya si vivían en negación.

Antes de que seamos muy duros con estos judíos creyentes de los tiempos de Jesús, echemos un vistazo sólido a sí mismos. Cuán fácil es decir algo como: "Bueno, pastor Robert, entiendo que está escribiendo un libro acerca de opresión espiritual. Qué bueno. Y, por supuesto, otras personas pueden necesitar ser libertados de la esclavitud, pero no yo. Yo soy cristiano. Nunca he sido esclavo de nadie".

¿En serio?

¿Qué hay de sus pensamientos? ¿Y del orgullo? ¿Qué hay del temor o la ansiedad? O, ¿qué tal la lujuria, del enojo o el resentimiento, de los celos o la falta de perdón?

Por supuesto que un cristiano puede estar esclavizado. De hecho, justo en el siguiente versículo, Juan 8:34, Jesús deja claro quién exactamente está esclavizado. Jesús les respondió: *"En verdad, en verdad os digo que todo el que comete pecado es esclavo del pecado"*.

Observe la amplitud de esa categoría: *todo el que comete pecado*. Eso es un montón de gente. A través de otros versículos, sabemos que Jesús estaba hablando del pecado habitual, voluntario.[1] Pero hay buenas noticias y vienen justo en los próximos dos versículos: ¡Jesús nos liberta! Jesús les dijo: *"el esclavo no se queda en la casa para siempre; el hijo sí permanece para siempre. Así que, si el Hijo os hace libres, seréis realmente libres"* (versículos 35–36).

Aquí, Jesús no estaba hablando de nuestra salvación. Él estaba diciendo que como creyentes podemos escoger entre vivir esclavizados a los pecados habituales que nos exponen a la influencia del mal, o escoger la libertad que Él nos ha dado como hijos e hijas en lugar de esclavos.

La implicación es obvia. Jesús nos advierte que nos alejemos del pecado. Él continuamente expone la oscuridad, constantemente nos pide que nos aferremos a la lámpara en nuestros pies y a la luz de nuestro camino (Salmo 119:105). Él nos anima a correr en los caminos de Sus mandamientos, porque Él liberta nuestros corazones (versículo 32).

Vea Juan 8:34 nuevamente: *"todo el que comete pecado es esclavo del pecado"*.

La palabra griega traducida "comete" es poderosa. Significa más que simplemente participar en algo. Tiene la connotación de comprometerse a hacer algo, de formular un plan. Es optar deliberadamente por algo que sabemos que está mal. De manera que este versículo podría leerse así: "Todo el que *planea* pecar, y lo hace, es esclavo del pecado".

El mismo concepto está presente en Romanos 6:16. La versión Reina Valera Contemporánea dice: "*¿Acaso no saben ustedes que, si se someten a alguien para obedecerlo como esclavos, se hacen esclavos de aquel a quien obedecen, ya sea del pecado que lleva a la muerte, o de la obediencia que lleva a la justicia?*"

Pablo estaba advirtiendo a los creyentes de los peligros del pecado voluntario. Él decía: "Vean, ustedes van a servir a alguien y a quien sirvan será su amo. Pueden escoger entre ser un esclavo del pecado o un siervo de Cristo. ¿A quién van a servir? ¿Quién sería el amo bondadoso?".

Hace un tiempo, conocí a un hombre joven que estaba teniendo una aventura amorosa. Él había pensado detenidamente en el problema y sabía que estaba mal; aun así, insistía en que estaba atrapado en la situación y no podía detenerse. A decir verdad, él no *quería* detenerse. Me confesó que cada vez que participaba en la actividad ilícita, disfrutaba de la descarga de adrenalina. Sencillamente, siguió pecando y pecando, voluntaria y habitualmente.

Un día, tomó unos fármacos para aumentar su capacidad sexual y en el acto mismo del adulterio, tuvo un ataque cardíaco y murió. Recuerde, era un hombre joven y tenía un corazón sano si no hubiera sido por los fármacos. No cuento esa historia con ánimo de juzgarlo o lanzarle piedras. La ofrezco como una fuerte advertencia. El hombre joven era esclavo del pecado. Había escogido al amo a quien iba a servir. Dejó una puerta entreabierta en su vida para el enemigo, pensando que de alguna manera podría escapar de las consecuencias peligrosas. Él murió en su pecado.

El profeta Jeremías registró palabras poderosas provenientes de Dios mismo que describen la audacia del pecado voluntario y habitual:

> "*He aquí, vosotros confiáis en palabras engañosas que no aprovechan, para robar, matar, cometer adulterio, jurar falsamente, ofrecer sacrificios a Baal y andar en pos de*

otros dioses que no habíais conocido. ¿Vendréis luego y os pondréis delante de mí en esta casa, que es llamada por mi nombre, y diréis: "Ya estamos salvos"; para luego seguir haciendo todas estas abominaciones? ¿Se ha convertido esta casa, que es llamada por mi nombre, en cueva de ladrones delante de vuestros ojos? He aquí, yo mismo lo he visto" —declara el Señor.

—Jeremías 7:8–11

Una paráfrasis de la era moderna para eso, podría ser: "¿Así que ustedes verdaderamente van a mentir y a odiar a su vecino y tener lujuria en su corazón y luego venir a la iglesia y actuar como que no hay nada malo? ¡Eso no es libertad! ¡Eso es esclavitud!".

Pablo les advirtió a los gálatas que no usaran su libertad como pretexto para pecar (Gálatas 5:13). La instrucción es directa y sencilla: no haga planes para pecar. De hecho, haga planes para huir del pecado. Ni siquiera coquetee con él. Manténgase tan lejos del pecado como pueda. Que Dios nos ayude a nunca abrirle una puerta a Satanás y estar bajo su influencia.

¿Lo estamos haciendo?

¿Estamos huyendo del pecado?

¿Estamos consciente y deliberadamente manteniéndonos a cuentas constantemente con Dios, yendo a Él regularmente y confesando nuestros pecados, llamando regularmente al Espíritu Santo para que nos dé fuerza, para que nos ayude a resistir la tentación y a andar en caminos de luz?

Si no, si estamos cometiendo pecados deliberadamente en una o más áreas de nuestras vidas y repitiéndolos una y otra vez, entonces esa es una señal de que el mal puede haber establecido un punto de apoyo en nosotros.

#2: Enfermedad continua

La segunda gran señal de advertencia de la que debemos cuidarnos es la enfermedad continua. Lo mencioné brevemente al principio de este capítulo. Si nos enfermamos mucho o nos lesionamos constantemente, entonces eso puede ser una señal de que una puerta ha sido abierta a la actividad espiritual. El enemigo ha entrado a nuestra casa y ha traído enfermedad y dolencia con él.

Note que la enfermedad y las lesiones no siempre son el resultado de la influencia demoniaca. Hay consecuencias naturales en el mundo en que vivimos. Los gérmenes existen; y si usted come o respira algunos de los gérmenes malos le entra por la nariz algunos de los malos, como resultado puede enfermarse. Algunas veces, los accidentes sencillamente suceden. Usted sale a caminar y se para sobre una piedra suelta, se lesiona; o si va en bicicleta y un carro le atropella. La gente envejece y muere. El cáncer ataca tanto al justo como al injusto.

Pero la Biblia es clara en que Satanás quiere lastimarnos y, algunas veces, lo hace a través de la enfermedad y las lesiones. Si usted ha experimentado enfermedades prolongadas o repetitivas, o ha tenido muchísimos accidentes, entonces, posiblemente haya una puerta abierta al mal en su vida.

En Lucas 13, una mujer es llevada ante Jesús. La Biblia indica explícitamente que ella *"que por causa de un demonio llevaba dieciocho años enferma"*. Eso es opresión demoníaca. *"Andaba encorvada y de ningún modo podía enderezarse"*. Jesús la llamó para que se acercara a Él y dijo: *"Mujer, quedas libre de tu enfermedad"*. Él puso Sus manos sobre ella *"y al instante la mujer se enderezó y empezó a alabar a Dios"* (versículos 11–13, NVI).

Los fariseos se enojaron con Jesús porque esta sanidad sucedió en sábado. Jesús los llamó hipócritas. Si un buey o un burro necesitaba agua en el sábado, dijo Él ¿No lo sacarían ellos del pesebre para darles de beber? Observe lo que dijo Jesús después. *"Sin embargo, a esta mujer, que es hija de Abraham, y a quien Satanás tenía atada—piénselo—durante dieciocho largos años, ¿no se le debía quitar esta cadena en sábado?"* (Versículo 16).

Para nosotros, es importante la descripción específica de la mujer en este contexto. Jesús se refirió a ella como "una hija de Abraham". Sin duda, Abraham tuvo hijos biológicos, literalmente; Isaac e Ismael tuvieron descendientes. Aun así, creo que Jesús, quien es el mismo ayer, hoy y siempre, estaba usando esa frase en un sentido más amplio.

En Gálatas 3:29, Pablo usa la frase en el mismo sentido amplio. "*Y si ustedes pertenecen a Cristo, son la descendencia de Abraham y herederos según la promesa*" (NVI). Jesús debió haber sabido eso, porque la Palabra de Dios es eterna. El libro de los Gálatas fue escrito en la mente de Cristo antes de que se fundara el mundo. De manera que la Biblia nos dice que los hijos verdaderos de Abraham son aquellos que pertenecen a Cristo. Así que esa frase es importante porque indica que esta mujer era una verdadera discípula de Cristo. Ella era creyente, y aun así, había estado bajo esclavitud durante 18 años.

De nuevo, por favor escúcheme, no estoy diciendo que cada vez que nos enfermamos es debido a opresión espiritual. Sin embargo, la Biblia es clara en este versículo y en otros, que la enfermedad, algunas veces, puede ser causada por "un espíritu de enfermedad o dolencia". Si usted ha estado enfermo durante mucho tiempo, tal vez sea el resultado de una puerta abierta en su vida. Ya sea que haya abierto una puerta al mal o alguien más lo hizo por usted. La buena noticia es que si el problema es resultado de una influencia espiritual, entonces el problema puede ser resuelto.

Hechos 10:38 describe cómo "*Dios ungió a Jesús de Nazaret con el Espíritu Santo y con poder, el cual anduvo haciendo bien y sanando a todos los oprimidos por el diablo; porque Dios estaba con Él*". Ese remedio aún está disponible para nosotros hoy. Santiago 5:14–16 nos señala el proceso:

> *¿Está alguno entre vosotros enfermo? Que llame a los ancianos de la iglesia y que ellos oren por él, ungiéndolo con aceite en el nombre del Señor; y la oración de fe restaurará al enfermo, y el Señor lo levantará, y si ha cometido pecados le serán perdonados. Por tanto, confesaos vuestros pecados unos a otros, y orad unos por otros para que seáis sanados. La oración eficaz del justo puede lograr mucho.*

Mencioné que había tenido muchas enfermedades y accidentes mientras crecía y también como adulto, incluyendo el accidente del *disc golf*. Sucedió en el verano del 2007, mientras estábamos de vacaciones con la familia en Colorado. El primer día, estábamos jugando *disc golf* y me paré en una pequeña quebrada y caí. Me rompí el pie y me astillé el hombro. No fue algo pequeño. El accidente desgarró mi escápula, el anillo cartilaginoso que rodea la articulación del hombro.

Usted habrá oído de gente que necesita cirugía por una rasgadura del 10 por ciento. El doctor me informó amablemente que yo me había rasgado en un 100 por ciento; literalmente, 360 grados, un círculo completo. Básicamente, mi brazo estaba separado de mi hombro. Si no hubiera sido por mi piel, mi brazo habría caído. El punto de conexión estaba tan dañado que los cirujanos tuvieron que tomar hueso de otra parte de mi cuerpo para reconstruirlo. Todavía tengo tornillos y clavos allí dentro.

La primavera pasada, estaba viajando dando muchas conferencias y empecé a desarrollar migrañas debido al estrés, o al menos eso pensé. El fin de semana del Domingo de Resurrección prediqué ocho veces aquí en nuestra iglesia en Dallas, luego me subí al avión y me fui a Australia a dar pláticas en dos conferencias y en dos iglesias. Después de aterrizar, tenía una migraña pero logré sobreponerme y prediqué diez veces en las primeras 72 horas.

Luego, me enfermé; es decir, verdaderamente caí enfermo. Algo estaba seriamente mal en mí y no sabíamos qué era. Mi migraña era la peor que jamás haya tenido. Encontramos un médico en Australia que me preguntó qué tan fuerte era mi dolor en escala de uno a diez.

"Doce", le dije.

Me hizo algunas pruebas, me inyectó y me dio medicamentos adicionalmente a los que ya estaba tomando para mis dolores de cabeza. Sin embargo, no mejoré. De hecho, mi situación fue de mal en peor. Empecé a vomitar sangre y me llevaron rápidamente a la emergencia. Luego me desmayé.

Muy pronto el doctor en Australia descubrió que todo ese tratamiento y medicamentos habían hecho que mi estómago sangrara. El sangrado estaba cerca de una arteria principal. En 24 horas había perdido una tercera parte de mi sangre. Pasé varios días en el hospital. Finalmente, me dieron de alta para viajar en avión, así que regresé a casa para continuar con el cuidado médico. Se necesitaron 120 días para recuperarme por completo.

El Señor verdaderamente trabajó en mí durante ese tiempo. Cuando aún estaba en Australia, inmediatamente después de haber salido del hospital, me llevaron al hotel para prepararme para mi vuelo a casa. Durante las primeras cinco horas, dormí. Luego me levanté y me sentí listo para tomar un baño completo, por primera vez en una semana.

Debbie estuvo conmigo durante todo esto; me ayudó a meterme en el agua, me dio un beso y dijo: "te amo". Yo dije: "yo también te amo". En eso ella salió del baño para revisar algo. Mi mente empezó a dar vueltas, me preguntaba cómo era posible que mi esposa amara un cuerpo como el mío. Recordé todas las cosas que este cuerpo cicatrizado y deteriorado le había hecho pasar a ella. Me di cuenta que no podía detener mis pensamientos. *No amo este cuerpo*, me dije a mí mismo. *Ni siquiera me gusta este cuerpo. De hecho, odio este cuerpo. He odiado este cuerpo desde que era niño. Siempre pensé que los hombres debían ser fuertes y yo era tan delgado y débil.*

Y justo en ese momento el Señor dijo: *Robert, ese es tu problema. Has odiado tu cuerpo toda tu vida.*

Fue allí que la sanidad espiritual empezó a suceder. Empecé a preguntarle al Señor si había alguna puerta abierta en mi vida donde las serpientes espirituales podrían haber entrado. Y Dios dijo sí. Había creído una mentira; la mentira que los accidentes eran normales para mí. Yo no podía entender eso muy bien, de manera que necesitaba buscar más a fondo; luego, un recuerdo empezó a surgir.

Una vez, cuando era joven y estaba en el hospital, escuché a una enfermera hacer una predicción extrema sobre mi vida. Ella le dijo a mi padre: "Usted sabe, su hijo es propenso a los accidentes. Él estará en salas de emergencia el resto de su vida".

Yo había permitido que esa predicción extrema cayera sobre mi vida como una maldición. Había creído esa predicción, aunque no era cierta. Al pasar los años, me había repetido esa mentira a mí mismo: *Estaré en salas de emergencia el resto de mi vida*. Y se hizo realidad.

Sin embargo, algo más estaba pasando en mi vida también. Primera Corintios 6:18 describe cómo una persona puede pecar contra su propio cuerpo. El contexto específico es fornicación, sin embargo, el principio en general tiene el mismo efecto en otros pecados también. Viendo hacia atrás, me di cuenta que había pecado contra mi cuerpo. Había estado envuelto en fornicación cuando era joven. Y antes de que fuera creyente, había estado envuelto en el uso de drogas ilícitas, lo que afectaría mi manera de responder a los analgésicos más adelante en mi vida.

Debbie puede tomar una pastilla de *Benadril* y dormir por tres días. Yo no. Cuando estaba teniendo todas esas migrañas, necesité altas dosis de medicina para sentir algún alivio, más que todo porque el uso de drogas a temprana edad me había dado una tolerancia alta contra los medicamentos para el dolor. Todavía estaba tratando con las consecuencias de mi pecado, aún después de tantos años.

Como creyentes, podemos olvidar que nuestro cuerpo es templo del Espíritu Santo (1 Corintios 3:16–17; 6:19) y realmente empezar a odiar nuestro propio cuerpo. Esa no es la perspectiva correcta que debemos tener. Toda mi vida había dejado una puerta abierta por no ver mi cuerpo como templo del Señor. Lo había visto como débil y propenso a los accidentes, no lo había cuidado de la manera que debí hacerlo. Ese proceso de pensamiento defectuoso y mi comportamiento resultante habían abierto una puerta para el enemigo.

Dios diseñó nuestro cuerpo. Él sabe cómo funcionan mejor. Creo que lo que me sucedió en Australia fue, en realidad, una combinación de mi propio pecado voluntario al no cuidar de mí mismo como adulto, la opresión espiritual de mi pecado público cuando joven y los efectos colaterales de haber creído una mentira cuando era niño.

Este es el gran punto que quiero que entienda: si tenemos cualquier manera de pensar que sea contraria a la Palabra de Dios, entonces, esa es una puerta abierta al enemigo. El pensamiento podría ser la manera en que vemos la sexualidad: pensar que nuestras necesidades solamente pueden ser cubiertas a través de actividades ilícitas. O, podría ser en un área de alcoholismo o abuso de drogas, o en un área de inseguridad o temor. Cualquiera de estas puede abrir una puerta al enemigo.

Si no nos gustan nuestros cuerpos, entonces, esa manera de pensar puede ser una atadura que el enemigo usa en contra nuestra. Si no nos gustan nuestros cuerpos, entonces eso nos expone a los accidentes, a las enfermedades, al abuso. ¿Recuerda en el capítulo anterior cuando vimos al hombre poseído por los demonios, el que corría por las tumbas noche y día? La Biblia dice que él se cortaba a sí mismo. Él estaba lastimando su propio cuerpo. Esa misma clase de cosas sucede hoy día.

Necesitamos ver nuestro cuerpo de la manera en que Dios los ve: como templos del Espíritu Santo. Dios reside dentro de nosotros. No somos nuestros. Fuimos comprados por un precio. Nuestra responsabilidad es glorificar a Dios en nuestros cuerpos (1 Corintios 6:20) y no destruirlos. Primera Corintios 3:17 contiene palabras fuertes en relación a esto: "*Si alguno destruye el templo de Dios, Dios lo destruirá a él*".

Dios tiene un propósito para usted y para mí. No podemos cumplir ese propósito a menos que tengamos cuidado de nuestros cuerpos. Necesitamos cuidar el templo del Señor.

#3: Influencia continua

Por "influencia continua" me refiero a prácticas ocultas. Si usted, sus padres o abuelos participaron alguna vez en prácticas ocultas, se ha abierto una puerta a las influencias del mal, y usted podría estar sintiendo las consecuencias de esos efectos todavía.

Lo *oculto* es un término amplio que describe cualquier actividad o producto asociado con "espiritualidad alterna" o intentos para tener acceso o controlar lo sobrenatural. Estoy hablando acerca de astrología, horóscopos, cartas del tarot, güija, conjuros, brujería, lectura de la palma de la mano, hechicería, sesiones espiritistas, adivinos, lectura del té, lectura de la bola de cristal, comunicación con los muertos, guías espiritistas, percepciones extrasensoriales, telepatía, auras, trances, magia negra, exorcistas, psíquicos y más. No se involucre en nada de esto, ni aun en aquellas prácticas que algunas personas consideran diversión inofensiva. Son reales y le colocan en un lugar donde se conecta con el ambiente sobrenatural del mal. Si hay alguna puerta que invita al enemigo, es involucrarse en lo oculto.

En Marcos 7:24–30, una mujer cuya hija tenía un espíritu inmundo fue a Jesús y calló a Sus pies. La Biblia menciona que la "mujer era griega, de nacionalidad sirofenicia" (versículo 26, RVC); lo cual es importante, y explicaré por qué en un momento. Pero veamos la historia primero y una de las más grandes interrogantes, ¿cómo puede un demonio afectar a un niño?

Jesús y Sus discípulos habían viajado a la ciudad de Tiro donde encontraron a esta madre preocupada, quien dijo que su hija estaba poseída por un demonio y le pidió a Jesús, repetidamente, que lo echara fuera. Jesús le dijo algo que sonó extraño. "*Deja que primero los hijos se sacien, pues no está bien tomar el pan de los hijos y echarlo a los perrillos*" (versículo 27).

¿Perros? ¿A quién estaba llamando perrillo? Eso no suena muy amable.

La mujer le respondió: "*Es cierto, Señor; pero aun los perrillos debajo de la mesa comen las migajas de los hijos*" (versículo 28).

Jesús le dijo a ella: "*Por esta respuesta, vete; el demonio ha salido de tu hija*".

Cuando la mujer llegó a su casa, encontró a su hija recostada en la cama y en sano juicio, y el demonio había salido, tal como Jesús lo había dicho.

Note que la mujer no era judía, sino de nacionalidades mixtas. Sus antepasados se habían casa con gente de otros países. Ahora bien, no hay nada malo con casarse entre razas hoy día. La raza no es el problema. Sin embargo, el matrimonio interracial en esos días, significaba que una persona de Dios hacía un acuerdo con una persona de otro país y religión y no adoraban a Jehová, y la escritura prohibía ese tipo de unión. Dios quería que Israel lo adorara a Él solamente, y Él sabía que una de las grandes maneras en que Su pueblo podría ser desviado era a través del matrimonio con alguien de un país diferente y que adoraba ídolos.

La mujer era sirofenicia de nacimiento, lo que significa que era parte de la provincia romana de Siria que una vez había sido la región de Fenicia. Esto es clave porque Fenicia está considerada, por la mayoría de teólogos, como la cuna del paganismo que entró y plagó a Israel durante siglos. ¿Adivine quién más había nacido en Fenicia? Jezabel, una de las personas más malvadas que haya vivido jamás, se casó con el rey Acab de Israel y llevó consigo sus prácticas ocultas de Fenicia.

La mujer que vino a Jesús, siendo de Fenicia, indudablemente tenía un trasfondo en lo oculto, y ya estaba afectando a su niña pequeña. La mujer le suplicó a Jesús que la liberara. Inicialmente, parecía como que Jesús la estaba menospreciando, refiriéndose a ella como un perro. Eso suena grosero y cruel a nuestros oídos hoy día, pero si usted comprendiera el lenguaje bíblico, verá que en realidad no lo era.

Apocalipsis 22:14–15, dice: "*Bienaventurados los que lavan sus ropas, para tener derecho al árbol de la vida y para entrar por las puertas en la ciudad. Pero afuera se quedarán los pervertidos, los hechiceros, los que han caído en la inmoralidad sexual, los homicidas, los idólatras, y todo aquel que ama y practica la mentira*".

Filipenses 3:2, dice: "*Tengan cuidado de los perros*", en el contexto de ser recelosos con los incrédulos, personas que profesan ser creyentes, pero en realidad son hostiles a la fe.

En el sentido bíblico, *perros* es solamente un término para referirse a los incrédulos. Las personas salvas van al cielo; los perdidos no van al cielo. "Perros" se refiere a los perdidos. Así que lo que Jesús le estaba diciendo a la mujer que la liberación es solamente para los "hijos", es decir, personas que ya creen en Jesús como su Salvador. Una persona no podía tener liberación a menos que él o ella creyera que el Mesías traía esa liberación.

Sin embargo, la mujer le respondió a Él con una declaración de humildad. "*Sí, pero hasta los perros reciben migajas*". Es una declaración que implicaba aceptar que lo que Jesús había dicho era cierto. Ella quería ser parte del plan de salvación de cualquier manera.

Jesús respondió a su humildad y dijo: "*Tu hija es libre*".

¿Cómo aplicamos esta enseñanza hoy?

Primero, no tenga nada qué ver con lo oculto. No participe en ello y no permita que sus hijos lo hagan. Si ustedes participan en la celebración del día de brujas (*Halloween*) como familia, no permita que sus hijos se vistan como demonios, fantasmas y brujas. Si a sus hijos les gustan los juegos de video, de mesa o cartas, no permita que jueguen con actividades que incluyan hacer conjuros o contactar el lado oscuro, aunque sea para divertirse. No permita que sus hijos vean películas o lean libros que presenten demonios o brujas. No, en ninguna forma, los exponga a lo oculto. Usted no quiere facilitar puertas abiertas al enemigo para que influencien a sus hijos.

Segundo, aprenda una lección de la humildad de la mujer sirofenicia. Solamente los orgullosos creen que ser oprimidos es algo que no les puede pasar a ellos. La aplicación adicional para nosotros es humillarnos a nosotros mismos y aceptar la libertad y vida que Jesús tiene para nosotros.

¿Qué va a hacer ahora?

¿Ha estado involucrado en el pecado voluntario y habitual? ¿Ha odiado a su cuerpo y abierto una puerta al maligno? ¿Ha incursionado en lo oculto, o tiene un trasfondo familiar de prácticas espirituales peligrosas?

Las puertas pueden estar abiertas.

Las serpientes espirituales pueden haber invadido su casa.

Las fuerzas demoníacas podrían estar influenciándole u oprimiéndole.

Pero no tema. Recuerde las promesas de la Escritura: "*mayor es el que está en vosotros que el que está en el mundo" (1 Juan 4:4) y "si el Hijo os hace libres, seréis realmente libres*" (Juan 8:36).

Oremos juntos.

Espíritu Santo, te pedimos que Tú atraigas a cada persona que necesita libertad hoy y que quiera ser libertada. Nos humillamos a nosotros mismos. Confesamos nuestros pecados y renunciamos a ellos ante Ti. Te pedimos Tu mano de liberación. Te pedimos que toda opresión espiritual se vaya y que con ello, Tú la quites de nuestra vida. Llénanos ahora con la medida completa de Tu Espíritu Santo. En el nombre de Jesús, amén.

Usted está en camino a ser verdaderamente libre.

Pero hay más por venir. Satanás está buscando puertas abiertas y hay más puertas abiertas que las que acabamos de describir. Necesitamos estar conscientes de las tácticas del diablo para obtener acceso a las vidas de los creyentes. Vamos a echar un vistazo a algo de eso en los próximos capítulos.

Preguntas para meditar o discutir en grupo

1. Los creyentes pueden estar esclavizados por Satanás a través del pecado, a través de la enfermedad y a través de las influencias demoniacas que permitimos que entren en nuestra vida. En este capítulo, las llamamos: *iniquidad continua, enfermedad continua e influencia continua*. A medida que examina estas tres grandes señales de advertencia, ¿cuál podría ser un área problemática en su vida o en la vida de alguien cercano?

2. Un área en que Satanás nos robará es la salud. ¿Ha tenido usted (o alguien que conozca) alguna vez enfermedad o lesión que pareciera ser causada de manera demoniaca? ¿Cómo reconoció que era demoniaca? ¿Cómo oró por sanidad? ¿Qué pasó?

3. Lea Juan 8:34–36. ¿Cuáles son algunos pecados que podríamos vernos tentados a llamar debilidades en lugar de ataduras? ¿De qué manera nuestra identidad como hijos de Dios nos ayuda a andar libres de pecado?

4. En nuestra cultura actual, lo oculto se acepta abiertamente. Algunas veces es difícil discernir qué es de naturaleza oculta porque es presentado como humor o drama o entretenimiento general. ¿Cómo ayudaría a un nuevo creyente a aprender a reconocer y evitar la influencia dañina de lo oculto?

5. Si usted reconoce cualquiera de estas señales de advertencia en su vida, ¿qué pasos tomará hoy para ser libre?

Capítulo tres:

CUIDADO CON LOS CALDEOS

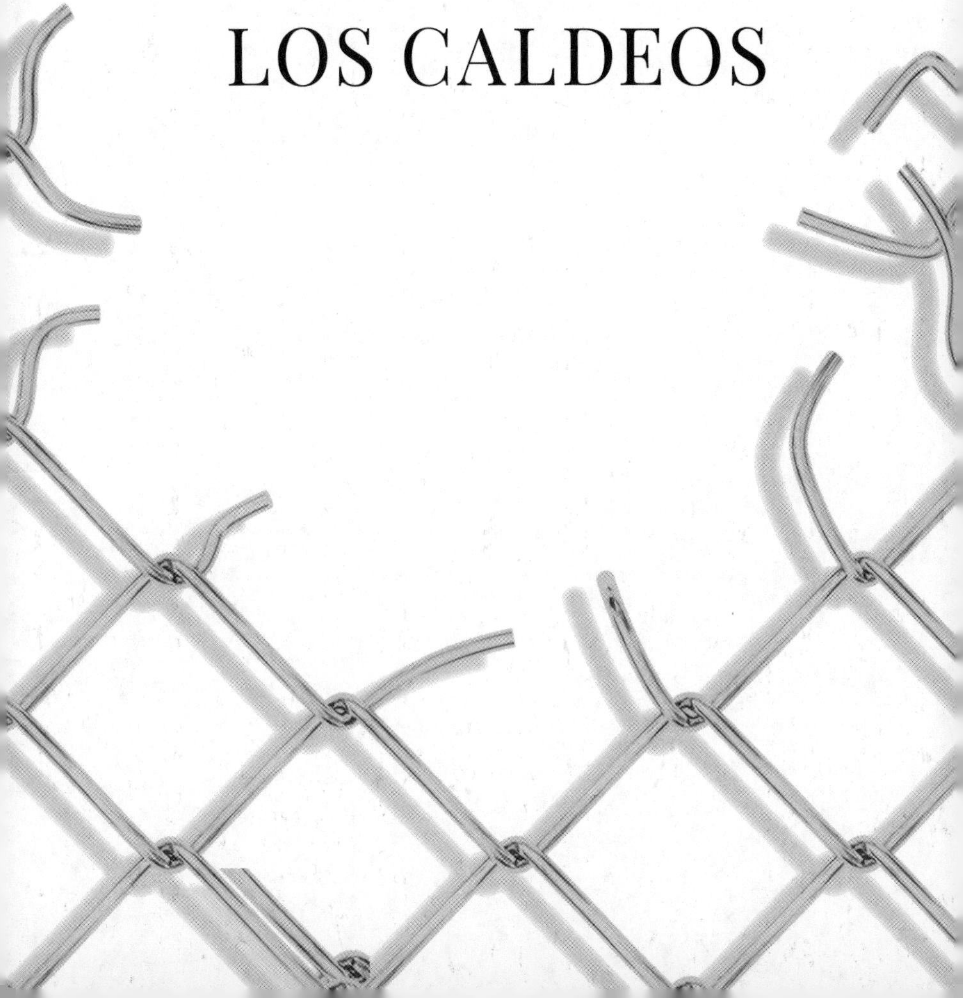

...para que Satanás no se aproveche de nosotros, pues no ignoramos sus artimañas.

—2 Corintios 2:11 NVI

Piense en todos los lugares peligrosos donde alguna vez ha estado.

Usted va manejando en la autopista, bajo una tormenta fuerte. El camino adelante es difícil de ver, y los camiones están salpicando mucha agua. Siente que sus llantas se deslizan en una curva, y su corazón da un brinco.

O, tal vez, usted va solo caminando hacia su carro por la noche, en un área peligrosa de su ciudad. Acelera el paso. Agarra sus llaves con más fuerza. Puede sentir que le miran tras las sombras, y desearía haber llevado spray pimienta.

Tal vez usted se está preparando para saltar en caída libre o para entrar a una carrera de motociclismo o a un cuadrilátero de boxeo, y su corazón palpita fuertemente mientras el temor lucha con el entusiasmo, en tanto se prepara para arriesgarlo todo en la búsqueda de una emoción o de un título.

Sí, esas situaciones pueden ser completamente peligrosas. Sin embargo, ¿sabe cuál es uno de los lugares más peligrosos para cualquier persona hoy día, por lo menos para alguien como yo?

La habitación de un hotel, cuando estoy completamente solo.

Si estamos solos en la habitación de un hotel, nuestros límites normales de responsabilidad personal y ante otros parecieran cambiar. Estamos fuera de la ciudad, y es fácil sentir que estamos de incógnito aunque realmente no es así. Podemos sentir que estamos para ser servidos o hasta pensar que tenemos derechos especiales. Tal vez nos digamos a nosotros mismos que merecemos descansar, y tal vez eso signifique bajar la guardia.

Esa es una oportunidad muy valiosa para Satanás y su equipo ¡para escabullirse por una puerta abierta!

Ahora, Debbie viaja conmigo el 98 por ciento del tiempo, lo cual me encanta, así que las habitaciones de hotel ya no son un problema tan grande para mí. Pero cuando nuestros hijos estaban pequeños, muchas veces viajaba solo. La lujuria siempre ha sido una tentación para mí y el fácil acceso a la pornografía en las habitaciones de hotel definitivamente era problema. Así que Debbie y yo teníamos el acuerdo de que si yo me sentía tentado, la llamaría a ella en lugar de encender la televisión.

Por cierto, esa es una estrategia que yo le recomiendo a toda persona casada. Si tiene problemas con la lujuria, entonces déjele saber a su cónyuge acerca de esa lucha. Cónyuges: traten de escuchar sin alterarse. La lujuria es una adicción, al igual que la ansiedad por la comida. Si su cónyuge está de viaje y usted se come una caja de donas solo, eso no significa que no la ame. Peleen la batalla juntos.

Una noche, después de haber dado una plática en una iglesia, estaba solo en la habitación del hotel, y mi mente fue tentada a ir a un lugar oscuro. Llamé a Debbie por teléfono, pero esa noche en particular, ella no estaba. Afortunadamente, la inconfundible voz del Señor habló a mi corazón y dijo: "*Pero Yo estoy aquí. Nunca me separo del teléfono. Nunca me adormezco. Háblame a Mí*". La noche terminó bien. Desafortunadamente, no siempre he tomado la decisión correcta, y hablaré acerca de una de esas veces en un próximo capítulo.

Para mí, estar solo en una habitación de hotel con una televisión, es un lugar espiritualmente peligroso, es donde soy especialmente vulnerable a la opresión espiritual. Para alguna otra persona, podría ser un bar o un bufé abierto o frente a un computador. La carne de cada uno definitivamente es un factor de la ecuación. Como dice Santiago 1:14: "*Sino que cada uno es tentado cuando es llevado y seducido por su propia pasión*".

De manera que si vamos a ser libertados, y a vivir en libertad, entonces necesitamos saber cómo obra el enemigo y estar conscientes de estos lugares y situaciones peligrosas. Tal como lo señala 2 Corintios 2:11, no queremos que Satanás se aproveche de nosotros, y eso significa que necesitamos estar conscientes de sus tácticas.

Necesitamos saber cómo trabaja nuestro enemigo para que podamos reconocer las batallas y ganar la pelea.

Conozca a su enemigo

He escuchado mensajes acerca de cómo trabaja el enemigo, y agradezco cualquier iluminación en las esquinas oscuras. Sin embargo, también se hace necesaria una advertencia. Al escuchar algunos de estos mensajes, usted pensaría que los oradores estaban en quinto año de primaria. Ellos hablan mal del diablo. Se burlan de él descaradamente. Le ponen apodos como si él fuera un abusador que les quitó la pelota.

Bueno, a mí no me simpatiza el diablo. Sin embargo, y sé que esto puede sonar extraño, lo *respeto*, y cuando hablo de él lo hago cuidadosamente. Antes de que usted disgustadamente cierre este libro de golpe, permítame explicar que respetar al diablo es, en realidad, el modelo bíblico. En este caso, respeto significa que tenemos una opinión correcta acerca de él como nuestro adversario.

No. No nos cae bien.

No. No lo admiramos.

Pero lo respetamos en el sentido en que un soldado no iría a la guerra con una pistola de agua. Un buen soldado respeta la fuerza del ejército contra el que pelea. Respeto significa comprender que el enemigo es serio en cuanto a su acercamiento hacia nosotros, y que no debemos tratarlo a la ligera. Él es nuestro enemigo verdadero.

Parte de este respeto significa que no vemos al diablo como un personaje de dibujos animados. No hacemos bromas frívolas acerca de cómo "el diablo me obligó a hacerlo". No fingimos que no existe. Y no fingimos que no tenga una fuerte capacidad para desbaratar la vida de las personas.

¿Cómo describe la Biblia a Satanás? Él definitivamente no es un hombre vestido de traje rojo con cuernos puntiagudos, una cola y una horca. Él no es el diablillo que se sube a nuestros hombros y murmura: "Oye, Carlitos, róbate una galleta". La Escritura describe a Satanás como un enemigo verdadero y deja claro que necesitamos tomar en serio nuestra defensa en contra de sus tácticas. Después de todo, Judas, consiervo de Jesucristo, escribió que hasta "el arcángel Miguel contendía con el diablo y peleaba el cuerpo de Moisés, no se atrevió a proferir juicio de maldición contra él, sino que dijo: *El Señor te reprenda*" (versículo 9).

La Biblia también indica que Satanás tiene un ejército completo que usa en contra nuestra. En mi estudio de la Escritura, parece haber siete categorías de rango satánico, aunque algunos eruditos interpretan los diferentes pasajes bíblicos aplicables, como que indicara que hay nueve categorías. Independientemente, es una organización muy impresionante la que el enemigo dirige, y es importante que veamos que él no es ningún criminal aficionado.

- *Tronos:* indica que a Satanás se le ha otorgado poder sobre ciertas localidades, así como áreas de nuestra vida, muy parecido a un rey sentado en un trono (Isaías 14:9, 13; Colosenses 1:16; Apocalipsis 2:13; 13:2).
- *Dominios:* otra indicación que a Satanás se le ha otorgado ciertos poderes para operar dentro del mundo invisible (Colosenses 1:16).
- *Gobernadores:* mencionado en el contexto de la guerra espiritual. A algunos demonios les ha sido otorgado control sobre secciones del mundo invisible (Efesios 6:12).
- *Autoridades:* junto con ángeles y poderes, están sujetos a la máxima autoridad de Cristo (1 Pedro 3:22).
- *Principales y potestades:* parte de la creación de Dios que opera en lo invisible (Efesios 6:12; Colosenses 1:16).
- *Gobernadores de la oscuridad:* mencionado en el contexto de la guerra espiritual (Efesios 6:12).
- *Espíritus inmundos y espíritus malignos:* seres espirituales a quienes se les ha otorgado permiso para atormentar e influenciar negativamente a las personas (Mateo 10:1; 12:43; Lucas 7:21; 8:2; Hechos 19:12).

Por lo tanto, para librarnos de su influencia debemos estar conscientes de cómo es él y las estrategias que usa. En otras palabras, necesitamos conocer a nuestro enemigo.

Echemos un vistazo a las tres descripciones bíblicas que pueden ayudarnos a hacerlo.

#1: Satanás es un destructor

La Biblia es clara cuando afirma que Satanás es una serpiente agresiva y venenosa. Juan 10:10 dice que él viene a "robar, matar y destruir". Cualquier cosa buena que tengamos en nuestra vida, Satanás quiere robárnosla. Cualquier cosa verdadera, noble, correcta, pura, amorosa, admirable, excelente o digna de alabanza (Filipenses 4:8 NVI), quiere torcerla, distorsionarla y arruinarla. Mayormente, lo que él busca es nuestra muerte: algunas veces espiritualmente, lo que significa que él quiere que nos sintamos separados de Dios; y otras veces, físicamente; lo que significa que él en realidad quiere ver nuestros cuerpos tendidos en el suelo, cubiertos de tierra.

Ahora, una pequeña aclaración: Ha habido gente que me ha dicho algo como: "Satanás vino a mí y me tentó para hacer esto y esto". Seriamente dudo que esa fuera el caso. La persona fue tentada, sin duda, pero probablemente no fue Satanás quien lo hizo.

Muchas veces, cuando la Biblia habla acerca de Satanás, las descripciones en realidad se refieren a las obras de Satanás y sus demonios, no solamente a Satanás mismo. Esto es porque Satanás no es omnipresente. Él es un ser limitado y puede estar solamente en un lugar a la vez. Solo Dios es omnipresente. Él es el único ser que puede estar en todas partes al mismo tiempo. Satanás es el líder de los demonios y los demonios tampoco son omnipresentes. Sin embargo, los demonios pueden estar en más lugares que Satanás porque hay muchos más de ellos. Así que ellos son quienes por lo general, hacen el trabajo por él. La escritura sí indica que Satanás mismo tentó a Jesús; por supuesto, pero dudo que el resto de nosotros merezca la atención personalizada de Satanás. Al fin de cuentas, eso no importa. Satanás tiene un ejército de demonios para hacer el trabajo por él, y eso es con lo que tenemos que estar alerta.

El libro de Habacuc nos da una visión más profunda de las tácticas destructoras del enemigo. Habacuc no es un libro de la Biblia que leamos con mucha frecuencia, pero este, al igual que toda la Escritura, puede hablarnos en nuestro beneficio (2 Timoteo 3:16). Y un pasaje del libro de los Hechos nos ayuda a entender el texto de Habacuc.

Según Hechos 13, Pablo estaba en sus viajes misioneros, compartiendo las buenas nuevas de Jesús cuando llegó a Antioquía, una ciudad en la región de Pisidia. Allí, habló ante una gran multitud. (Observe que había una ciudad diferente llamada Antioquía en Siria, la cual tenía una iglesia del Nuevo Testamento muy grande. Había dos ciudades con el mismo nombre; algo así como París, Francia y París, Texas).

Aparentemente, en esta multitud había tanto judíos de mentalidad espiritual como gentiles interesados, porque Pablo específicamente se dirigió a dos grupos durante su charla: "hombres de Israel" y "vosotros que teméis a Dios" (versículo 16). Pablo les dio un mensaje acerca de Jesús que terminó con una advertencia que es particularmente importante para este estudio. La advertencia es donde él citó Habacuc:

> *Por tanto, hermanos, sabed que por medio de Él [Jesús] os es anunciado el perdón de los pecados; y que de todas las cosas de que no pudisteis ser justificados por la ley de Moisés, por medio de Él, todo aquel que cree es justificado. Tened, pues, cuidado de que no venga sobre vosotros aquello de que se habla en los profetas:*
>
> > *"Mirad, burladores, maravillaos y pereced;*
> > *porque yo hago una obra en vuestros días,*
> > *una obra que nunca creeríais aunque alguno*
> > *os la describiera".*
>
> —Versículos 38–41

Básicamente, lo que Pablo les estaba diciendo era: "Vean: Jesús murió en la cruz por sus pecados. Él es el Mesías que han estado anhelando. Sin embargo, van a tener problemas creyendo esto, porque", aquí es donde Pablo citó Habacuc, "*un enemigo está tratando de cegarlos*".

¿Qué es lo importante en la cita de Habacuc? Tomada de Habacuc 1:5, nos advierte acerca de la ceguera hacia un enemigo increíblemente destructivo. El versículo siguiente nombra al enemigo, los caldeos[1], y los describe:

> *Pueblo feroz e impetuoso,*
> *que marcha por la anchura de la tierra*
> *para apoderarse de moradas ajenas.*
>
> —Versículo 6

En el tiempo de Habacuc, (el libro se escribió aproximadamente en el año 650 a. C.), los caldeos eran una tribu de gente que Dios estaba levantando en juicio contra la entonces malvada gente de Judá. Los caldeos gobernaron sobre la mayor parte de Babilonia, un territorio de aproximadamente catorce mil kilómetros cuadrados, más o menos del tamaño de Nueva Jersey. En el mapa de hoy, Caldea quedaría dentro de Iraq con la punta suroeste tocando Kuwait.

Los caldeos antiguos eran conocidos por ser adoradores de ídolos, gente muy violenta, que marchaba por la tierra con la intención de poseer lugares para habitar, que no les pertenecían. El rey Nabucodonosor, el famoso rey de Babilonia mencionado en el libro de Daniel, era caldeo. Cuando él conquistó Judá, robó todos los tesoros de la tierra y se las llevó a su reino. Además, robó la siguiente generación de Judá. Él se llevó a todos los hombres jóvenes de Israel que eran más destacados, inteligentes y rápidos a Babilonia para aprender y los obligó a estudiar el "idioma y literatura de los caldeos" (Daniel 1:3–5).

Más adelante sacó las uñas. Nabucodonosor encargó una estatua de sí mismo de 27 metros de alto y mandó que toda la gente en su tierra la adoraran. Los tres jóvenes hebreos, Sadrac, Mesac y Abednego (estos eran sus nombres caldeos; sus nombres hebreos en realidad eran: Ananías, Misael y Azarías), fueron lanzados a un horno encendido porque desobedecieron a Nabucodonosor y no adoraban a la estatua.

Tal como está escrito en Habacuc, a los caldeos se les refería como un pueblo real. Sin embargo, cuando Pablo citó Habacuc, en realidad estaba describiendo a los enemigos de Dios, entidades espirituales que, al igual que los caldeos, se empeñaban en obtener el control sobre lugares habitables que no les pertenecían. En otras palabras, ellos eran Satanás y sus demonios.

¿Cómo lo sabemos? Porque para el tiempo en que Pablo habló acerca de los caldeos siendo una amenaza para la gente en Antioquía, ya no existían los caldeos. Ellos fueron conquistados por Ciro el Grande, rey de Persia, en el año 539 a. C. (Una descripción profética de la destrucción del imperio babilonio, donde los caldeos reinaron por un tiempo, se encuentra en Jeremías 50–51). Después del año 539 a. C., nunca se volvió a referir a los caldeos como una nación, ni siquiera como un grupo étnico.

Obviamente, Pablo no iba a advertir a sus oyentes contra un grupo de gente que ya no existía. Entonces, ¿de quién estaba advirtiendo Pablo a sus oyentes?

El nombre *caldeo* significa "errante". La raíz de la palabra significa "devastar o destruir".[2] Los caldeos de la historia tomaron control de tierras, robaron bienes y dinero a la gente, y robaron la siguiente generación, los jóvenes líderes del futuro, lavando sus cerebros y sus valores morales.

Los caldeos metafóricos de los días de Pablo, y de hoy, eran demonios con los mismos objetivos y estrategias destructivas. Ellos quieren tomar control de territorios que no les pertenecen. Ellos quieren robar nuestra mente, dinero y valores morales. Y lo hacen al tratar de influenciar lo que permitimos que entre a nuestra mente, lo que ponemos en nuestros cuerpos y lo que le damos (o no damos) al Señor. Al igual que un país de invasores enfocados en gente desprevenida, ellos tratarán de robar nuestra paz y nuestro gozo. A cambio, dejarán preocupación, ansiedad, temor y estrés.

Sin embargo, esta es la buena noticia: podemos tomar acción para combatir esto. Las fronteras de nuestra tierra pueden sellarse herméticamente. Las puertas y las ventanas de nuestras casas pueden ser cerradas con candado. Los invasores pueden desalojarse y todas nuestras habitaciones pueden ser llenas con la Palabra de Dios. Todo lo que valoramos puede mantenerse seguro bajo el señorío de Cristo, nunca será robado.

Pongámonos muy prácticos por un momento. En realidad es posible y es una gran práctica para llenar nuestra vida y nuestros hogares con la Palabra de Dios. El Salmo 1 nos anima a leer la Biblia continuamente para que entre en nuestra mente. Escriba versículos bíblicos en pizarras de yeso o marcador seco, en cada habitación. Cópielos en notas adhesivas y póngalos sobre los lavamanos, espejos y tocadores. Ponga a la vista placas, posters o cuadros que presenten la Escritura. Tener la Palabra de Dios siempre ante nosotros es uno de los medios más efectivos que podemos encontrar para detener a los invasores.

#2: Satanás es despiadado

En primer lugar, Satanás es un destructor. Él y su banda siempre quieren controlar el territorio que no les pertenece para poder devastarlo. Además, son despiadados. Nunca tienen un día bueno. Nunca tienen un momento de misericordia. Ni siquiera uno.

Al igual que los caldeos de los días de Habacuc, eran terribles, espantosos y violentos, de igual manera, también lo son los demonios de hoy. Varios pasajes de la Escritura describen a los demonios como lobos.[3] ¿Puede imaginarse a un lobo? Un lobo es un depredador. No es tierno ni dan ganas de abrazarlos. Tampoco lo es un demonio, o una persona influenciada por un demonio.

Ezequiel 22:7 dice: "*Sus príncipes en medio de ella son como lobos que desgarran la presa, derramando sangre y destruyendo vidas para obtener ganancias injustas*".

Sofonías 3:3 dice:

Sus príncipes en medio de ella son leones rugientes,
sus jueces, lobos al anochecer;
no dejan nada para la mañana.

En ambos pasajes, los escritores estaban describiendo a líderes de Israel quienes estaban bajo la influencia de demonios. Y lo más que se dice en estas descripciones es el nivel de salvajismo asociado con estos príncipes. Ellos derraman sangre. Devoran y destruyen a su presa.

Note, además, cómo los jueces en el pasaje de Sofonías son descritos como "lobos al anochecer". La noche es un tiempo particularmente vulnerable para el pueblo de Dios. A Satanás le encanta oprimir al pueblo de Dios cuando las luces están apagadas. Si alguna vez no podemos dormir, lo mejor que podemos hacer es leer la Biblia y orar.

Muchos adultos jóvenes que conozco han trabajado en campamentos cristianos y uno de ellos me dijo no hace mucho que nunca permitía a los niños bajo su cuidado que en la noche contaran historias de fantasmas. Algunos de sus compañeros se burlaron de él, preguntándose qué daño podría causar el contar un par de historias de terror alrededor de una fogata. Aun así, mi amigo se mantuvo firme. Él no era cobarde, pero se acordaba cuando de niño se asustaba en el campamento cada vez que se contaban historias de fantasmas. Las historias siempre parecían empezar de manera inocente, pero pronto se transformaban en historias de lo sobrenatural tenebroso, de actividad oculta y de lo demoniaco. "¿Por qué tendríamos que asociar el temor con los campamentos cristianos?" preguntó mi amigo. Yo estuve totalmente de acuerdo. A Satanás le encanta aprovechar nuestros temores, particularmente en la noche cuando es mucho más fácil.

Si usted tiene el hábito de ver películas de terror o de leer libros de miedo (o permitir que sus hijos las vean o los lean), le animo a terminar con esto de inmediato. No permita que el mal entre a su casa y llene las mentes de sus familias. Yo entiendo que algunas de las supuestas películas de terror están diseñadas para burlarse del miedo; son mayormente divertidas en un tipo de forma oscura. Pero las demás películas definitivamente no lo son. Están diseñadas para ser exhibiciones de sangre, violencia, actividad demoniaca y del mal. Muchas de las películas de terror son, además, un festín de derramamiento de sangre. Todas ellas están diseñadas para crear una descarga de adrenalina en nosotros, y es fácil para la gente llegar a tener dependencia de esa descarga y querer solazarse en esa oscuridad. Nada bueno puede venir de ver o leer estos productos.

En Hechos 20:29, Pablo envía esta fuerte advertencia: *"después de mi partida, vendrán lobos feroces entre vosotros que no perdonarán el rebaño"*. Pablo no estaba hablando de lobos literales. De nuevo, él estaba hablando acerca de líderes que estaba bajo la atadura de demonios. Pablo los llamaba lobos, y los lobos no son buenos.

Algunos de mis amigos son ganaderos en la parte norte de los Estados Unidos. Recientemente, ha habido una verdadera controversia en su región en relación a los lobos. En el pasado, a los lobos se les consideraba como depredadores solamente. Fueron erradicados sistemáticamente hasta que apenas se podía encontrar un lobo en esa región. Sin embargo, en los tiempos modernos, se ha dado un movimiento fuerte para reintroducir lobos en ciertas regiones de los Estados. Algunas personas insisten en que los lobos son necesarios para el ecosistema, y ellos han ejercido una presión exitosa sobre el gobierno para que permitan el regreso de los lobos.

Sin embargo, mis amigos ganaderos describen una realidad diferente: los lobos son depredadores y siempre serán depredadores. Con los lobos reintroducidos, los ganaderos ni siquiera pueden dejar que sus hijos jueguen en sus propios patios por temor a que sean atacados. Los ganaderos pierden ganado y ovejas valiosos consistentemente debido a que los depredadores están nuevamente sueltos en el área. Los ganaderos ya no pueden ir a caminar en su propiedad sin llevar consigo rifles cargados.

Otro amigo mío participó en un estudio científico sobre lobos. Poco después de que yo prediqué sobre este tema, él me envió un mensaje de texto:

El Señor no nos enseñó acerca de los depredadores para que nosotros enseñáramos control animal o fábulas infantiles. Los lobos y las ovejas no pueden coexistir. Cuando los lobos parecen más despreocupados e inocentes, hasta interesantes de ver, en realidad están estudiando y midiendo su presa para el ataque. Mientras más indiferentes parezcan, más serio es el peligro. Se están preparando para el ataque en manada. Mientras más cómodos parezcan, son más mortales.

Esa es una descripción de la manera en que trabajan los demonios. Ellos observan y estudian a la gente buscando sus momentos de debilidad, los momentos a solas, los momentos vulnerables cuando una persona está lastimada, frustrada, enojada, hambrienta, sola o cansada. Allí es cuando atacan. Y nunca tienen misericordia. Un demonio no dice: "Ah, pobrecito Robert. Ha tenido un día difícil. Mejor no lo trato tan mal". Cuando una persona ha tenido un tiempo difícil o atraviesa una tragedia en su vida, allí es cuando las huestes de Satanás atacan más despiadadamente.

Los caldeos históricos vivieron en regiones pantanosas hasta que tomaron control de Babilonia. Ellos eran conocidos como arqueros expertos. Cuando sus enemigos caminaban lidiando con los pantanos, tratando de ver dónde se paraban, allí era cuando los caldeos les disparaban. Es igual con los "caldeos" demoniacos hoy día. Cuando usted vaya esforzándose por la vida, allí es cuando ellos atacarán.

¿Cómo atacan exactamente? En la Biblia se describe a Satanás como un asesino y mentiroso (Juan 8:44), un pecador empedernido (1 Juan 3:8), y adversario nuestro (1 Pedro 5:8). Satanás engaña a las naciones (Apocalipsis 20:3), y ciega las mentes de los incrédulos (2 Corintios 4:4). Él arrebata la Palabra de Dios del corazón de los incrédulos (Lucas 8:12) y usa a la humanidad para oponerse a la obra de Dios (Apocalipsis 2:13).

En lo que se refiere a los cristianos, Satanás y sus demonios nos tientan a mentir (Hechos 5:3). Pueden estorbar nuestro trabajo (1 Tesalonicenses 2:18) y nos tientan con la inmoralidad (1 Corintios 7:5).[4]

Otra estrategia satánica favorita es acusar a los creyentes. La Biblia nos dice que Satanás lo hace día y noche (Apocalipsis 12:10). Él está constantemente poniendo una pesada nube de vergüenza sobre nosotros, insistiendo en hacernos pensar que somos despreciables. Él trata de convencernos de que hemos pecado demasiado como para que Dios nos perdone, o de que para empezar nunca fuimos amados por Dios. O cuando atravesamos pruebas, de que Dios nos ha abandonado. Satanás esparce mentiras acerca de nosotros tratando de convencernos que somos incompetentes, indignos, incapaces, que no somos aceptados, ni amados y que estamos desconectados. Él siempre quiere que nos veamos como personas que no somos dignos de ser herederos de Dios. Y, al mismo tiempo, trata de convencernos que tenemos que cumplir un estándar imposible de perfección para poder ser amados y aceptados.

La Biblia también enseña que los demonios se oponen a nuestro crecimiento espiritual a través de la falsa doctrina (1 Timoteo 4:1). Todo lo que viene de Dios estará de acuerdo con la Biblia. Cualquier cosa que escuchemos de un predicador, orador, maestro de la Biblia o amigo que sea contraria a la Palabra de Dios, entonces no es del Señor. Está enseñado por demonios. La enseñanza demoniaca lleva a la conducta inmoral. Nos enseña a ser hipócritas, a mentir y a abstenernos de lo que es bueno.

No se equivoque, Satanás es despiadado. Vea las circunstancias que rodearon el nacimiento de Moisés. Debido a la obra de Satanás, todos los bebés varones hebreos, menores de dos años, que vivían en la tierra de Egipto fueron traspasados por la espada. Lo mismo pasó en Belén cuando Jesús nació. Los demonios no respetan al joven y tampoco al anciano. Satanás y sus demonios son malignos, despiadados, implacables y crueles.

Para combatir esto, la iglesia actúa como un redil protector, por supuesto, protegida por el Buen Pastor. La gente de Dios actúa como un amortiguador entre nosotros y el enemigo. Una oveja que anda sola, lejos del rebaño, se expone a ser atacada. La solución para tal alejamiento es el *acercamiento.*

Esa es una buena razón para no mantenerse en los márgenes de la iglesia. Particularmente, si usted está atravesando un tiempo difícil, no se mantenga lejos de otros cristianos. Sencillamente, ábrase camino hacia el medio del rebaño: *con permiso, con permiso, con permiso*, y quédese justo a la par del Pastor.

#3: Satanás es astuto

Primero, Satanás es un destructor. Segundo, es despiadado. Y, tercero, es astuto. Eso significa que es sagaz. Es malicioso. Es engañador. Busca oportunidades para hacer su obra maligna cuando sea y donde sea que las pueda encontrar. En la mente de Satanás, el fin siempre justifica los medios.

Es cierto que los caldeos de la historia eran guerreros despiadados, pero para empezar ¿alguna vez se ha preguntado cómo tomaron control de Babilonia? Los primeros caldeos entraron a la nación no como guerreros sino como amigos. El pueblo babilonio se acostumbró a su presencia. Ellos se sentían cómodos alrededor de los caldeos. Allí fue cuando los caldeos, lentamente, empezaron a tomar control. Entraron astutamente, y luego mostraron sus verdaderas intenciones.

Después que los caldeos alcanzaran protagonismo, retuvieron todas las posiciones de prominencia en la tierra, incluyendo al sacerdote (de ídolos) y el brujo. En Daniel 2:2, el término *caldeo* se incluye junto con las referencias a los astrólogos y magos. "*Mandó llamar el rey a los magos, los encantadores, los hechiceros y a los caldeos, para que le explicaran al rey sus sueños. Vinieron, pues, y se presentaron ante el rey*".

Resuma ese versículo y ¿qué es lo que dice? Los magos distraen a la gente para poder engañarla. Los astrólogos tratan de predecir el futuro. Los brujos están en contacto con lo sobrenatural. Los caldeos estaban tratando de distraer, engañar y determinar el futuro.

Eso es exactamente lo que Satanás trata de hacernos hoy día. Él trata de distraernos de lo que es importante en la vida. Nos engaña porque es un mentiroso y trata de determinar nuestro futuro señalándonos un camino de destrucción. ¡No lo escuche!

Habacuc 1:15 describe a los caldeos como pescadores con anzuelo y red, esperando atrapar a la gente para destruirla. No hay nada de malo acerca del deporte de la pesca. Sin embargo, medite en el principio de la pesca efectiva: se trata de poner una carnada frente a los ojos de la presa. Así es como Satanás actúa con nosotros. Él nunca nos muestra su anzuelo afilado, la parte peligrosa de su plan. Solo nos muestra lo que nos encanta, una carnada sabrosa.

Así fue como Satanás actuó cuando tentó a Jesús. Satanás le mostró una carnada. Después de haber ayunado cuarenta días y cuarenta noches, Jesús tenía hambre. Así que Satanás le ofreció pan (Mateo 4:3). No hay nada de malo con el pan, pero este pan escondía los planes del diablo. Satanás le ofreció una solución fácil.

Y ¿quién más sino una genio engañoso pudo haber puesto una hermosa mujer en su bañera en el momento exacto en que el rey David caminaba por su balcón (2 Samuel 11:2–6)? Satanás había estudiado a David. Los demonios observaban los movimientos de David, y ellos sabían exactamente cuando salía él al balcón cada noche. Allí fue cuando ellos pusieron en la mente de Betsabé ir a darse un baño. O, quizá, ellos habían estudiado los movimientos de Betsabé y sabían su horario, así que pusieron en la mente del rey David salir a caminar en ese momento justo.

Nunca lo olvide: Satanás es astuto, es listo y engañoso. Y él nunca juega limpio.

Pablo, en Efesios 6:11, nos anima a *"Revestíos con toda la armadura de Dios para que podáis estar firmes contra las insidias del diablo"*. La palabra griega traducida como "insidias" es *methodeia*,[5] de donde obtenemos la palabra en español *método*. El uso de esta palabra indica que Satanás tiene planes. Él conspira contra nosotros.

Mencioné antes que cuando una persona tiene un tiempo difícil o atraviesa una tragedia en su vida, allí es cuando Satanás ataca más fuerte. Pero Satanás pocas veces ataca de frente. Al principio, sugiere desánimo. Luego, lentamente, aumenta la presión. La decepción conduce a la depresión, luego a la desesperación o cólera. En cada punto crítico él nos mostrará opciones para aliviar el dolor. Estas opciones, típicamente, parecen buenas en la superficie. Al final, destruirán a la persona.

Daniel 7:25 habla acerca de una de las tácticas astutas del diablo. El versículo dice que Satanás *"afligirá a los santos del Altísimo"*. Sin embargo, la palabra *afligir* no es la mejor traducción. La palabra original significa literalmente "agotar" o "atormentar constantemente", de la cual obtenemos nuestra palabra "*agobiado*".[6]

Satanás nos atacará cuando estemos agobiados. Él quiere agotarnos, ya sea a través de las ocupaciones o las adversidades de la vida. Allí es cuando se lanza a matar.

A Satanás sencillamente le encanta cuando estamos exhaustos. Yo aprendí eso por las malas.

Hace unos años, atravesé una de las épocas más ocupadas de mi vida. Debbie y yo fuimos a Angola junto con un equipo de filmación de parte de una agencia misionera para documentar los efectos de la desnutrición y para ayudar en el cuidado de la gente allá. Regresé del viaje física, mental, emocional y espiritualmente exhausto; sin embargo, me reincorporé inmediatamente a mi horario normal, ocupado en la iglesia.

Unas semanas después, me levanté para ir a trabajar una mañana, me bañé, me cubrí con una toalla y fui a vestirme. Todavía estaba agotado, física y emocionalmente exhausto. Abrí la gaveta de mi ropa interior y solamente tenía un par de calzoncillos, así que me los puse. Durante largo tiempo me quedé allí parado tratando pensar qué iba a hacer al día siguiente si ya no tenía ropa interior. Luego abrí la gaveta de los calcetines y vi que se habían terminado. ¡Calcetines! Olas de estrés me inundaron. Abrumado con las tareas sencillas de la vida, me senté en mi closet y empecé a llorar. Sencillamente, no pude funcionar.

Todos tenemos cuatro "tanques de combustible" de donde nos abastecemos cada día: un tanque emocional, un tanque mental, un tanque físico y un tanque espiritual. Todos mis tanques se habían vaciado, no los estuve llenando entre una actividad intensa y otra. Recuerdo haber hablado con el Señor acerca de esto y haberle dicho: "Dios, yo no creo que Tú quieras que yo ministre con un tanque entre vacío y un cuarto. Necesito llevar mi nivel de combustible hasta por lo menos tres cuartos de tanque".

El Señor me habló y dijo: *En realidad, Yo quiero que tus tanques estén llenos, más que llenos. No quiero que guíes cuando tus tanques están bajos o vacíos. Quiero que ministres desde un tanque rebosante. Ven a Mí. Yo te daré reposo* (Mateo 11:28).

El agotamiento le sucede a cualquier persona, lo que significa que el reposo debe calendarizarse con regularidad si queremos evitar volvernos vulnerables ante nuestro enemigo astuto. Me tomó un tiempo aprender esta práctica, pero ahora lo hago consistentemente. En el momento en que escribo este libro es el inicio del año calendario; sin embargo, ya tengo calendarizados todos mis días de descanso para el resto del año. Uso estos días para aislarme de mis actividades normales y permitir que Jesús llene mis tanques.

Palabras de esperanza

No quiero dejar este capítulo sin ofrecerle una gran esperanza para hoy. En los próximos capítulos hablaremos más profundamente acerca de las soluciones, pero me doy cuenta que se necesita tiempo para procesar este material y no quiero dejarle sin esperanza ahora.

Un versículo clave para recordar es 1 Pedro 5:8: "*Sed de espíritu sobrio, estad alerta. Vuestro adversario, el diablo, anda al acecho como león rugiente, buscando a quien devorar*". Parte de la solución es sencillamente ser sobrio y estar vigilante.

Ser sobrio significa que nos mantenemos en control de nosotros mismos a través del poder del Espíritu Santo. No permitimos que nada más tenga control sobre nosotros. Una persona que está ebria no está en control. Efesios 5:18 nos exhorta: "*no os embriaguéis con vino…sino sed llenos del Espíritu*".

Estar vigilante significa estar atento. Significa que no le tenemos miedo a Satanás, y que no desconocemos sus estrategias.

La verdad acerca de ese "león rugiente" es que Jesús ya le sacó todos sus dientes. Jesús se ha hecho cargo del mal por la obra que Él hizo en la cruz. Todavía luchamos con los vestigios del mal, sí, pero Apocalipsis 5:5 dice que *"el León de la tribu de Judá...ha vencido"*. ¡Jesucristo ha ganado la victoria!

La solución más grande para la opresión espiritual siempre es estar cerca del Pastor. Sin duda, usted ha escuchado el Salmo 23:

El Señor es mi pastor,
nada me faltará
Aunque pase por el valle de sombra de muerte,
no temeré mal alguno,
porque tú estás conmigo;
tu vara y tu cayado me infunden aliento.

—Versículos 1, 4

El pasaje dice que la vara y el cayado del Pastor nos infunden aliento. Algunas veces obtenemos un cuadro falso en nuestra mente que el pastor anda con su vara pegándoles a las ovejas. Sin embargo, no es así como funciona. Una vara de pastor se usa para guiar a las ovejas, para mantenerlas gentilmente en donde necesitan estar. Y se usa para otro propósito: ¡para romperle el hocico al lobo!

Eso es lo que el Señor hace por nosotros. Si usted se siente oprimido por el maligno, entonces corra al Pastor. ¡Corra hacia el Señor!

Cerremos este capítulo en oración.

Padre Dios. Te pido que no desconozcamos las estrategias del diablo. Te pido que él nunca sea más listo que nosotros, que seamos de mente sobria, que estemos vigilantes y que siempre corramos hacia Ti. Gracias por la seguridad que nos das, la guía y la protección. Tú eres Señor de nuestra vida. Te amamos. En el poderoso nombre de Jesús, amén.

Está en camino a ser libre. Sin embargo, la batalla todavía no ha terminado. Una de las puertas abiertas más comunes a la opresión espiritual es algo que, con frecuencia, los creyentes piensan que no se aplica a ellos; pero, en realidad, es la trampa demoniaca más grande para los cristianos tal como lo veremos en el capítulo siguiente.

Preguntas para meditar o discutir en grupo

1. ¿Qué nos roban los demonios?

2. Cuando llenamos nuestro corazón con la Palabra de Dios, ¿de qué forma evitamos que el enemigo nos robe?

3. Los lobos atacan a la presa que está en las orillas del grupo. Al estar aislados de otros cristianos, ¿de qué forma nos hace vulnerables al ataque del enemigo? ¿Conoce a alguien que podría estar aislado? ¿Qué puede hacer para invitar a esa persona a volver a conectarse y a relacionarse?

4. Lea 1 Pedro 5:8. Hablando de manera práctica, ¿qué significa ser sobrio y estar vigilante en la vida?

5. ¿En qué área(s) de su vida le está atacando el enemigo (o en qué áreas es usted especialmente vulnerable)? ¿Qué le está enseñando Dios mientras usted pelea esta batalla?

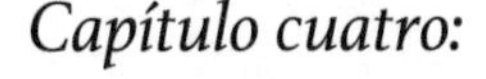

Capítulo cuatro:

ROMPER LA TRAMPA DEL ORGULLO

Delante de la destrucción va el orgullo,
y delante de la caída, la altivez de espíritu.

—Proverbios 16:18

Gateway Church, la iglesia donde sirvo como pastor principal, es relativamente nueva. También es una iglesia grande. El rápido crecimiento ha sido una bendición tremenda; sin embargo, algunas veces, también ha sido causa de estrés.

Tuvimos nuestro primer servicio el 23 de abril del 2000, Domingo de Resurrección. Asistieron casi 200 personas. El siguiente domingo nuestros números se redujeron a 68, y eso que a una mujer embarazada la contamos como dos personas. Ese primer sermón debe haber sino una bomba. Sin embargo, para el final del primer año, la asistencia regularmente era de cerca de 200 personas. Me sentía bien por ello. La iglesia parecía estar creciendo gradualmente y de manera razonable, tal como debía de ser. Iba a paso ligero pero yo podía manejarlo todo.

Para el segundo año, habíamos triplicado la asistencia a seiscientas personas. Esa cantidad me emocionaba, pero al mismo tiempo, me estresaba.

Para el final del tercer año, nuevamente nos habíamos triplicado a 1,800 personas.

Y para el final del cuarto año, habíamos duplicado ese número a 3,600 personas.

Para entonces, yo tenía un sistema administrativo estilo apagafuegos. Se sentía como si yo me estuviera agarrando de un tren a alta velocidad, con una mano, y estuviera en posición completamente horizontal, como si fuera una bandera ondeando en la cola del tren. No me estaba agarrando con dos manos, ni siquiera con una. Tenía escasamente dos dedos aferrándose a la parte trasera del tren. Y lo que verdaderamente me asustaba era que se suponía que yo fuera el maquinista.

Luego, la asistencia a Gateway explotó completamente.

Al momento que escribo este libro, tenemos cerca de 27,000 personas asistiendo a Gateway cada semana, con más de 50,000 asistentes el Domingo de Resurrección. Al momento, tenemos 24 servicios en total, que se llevan a cabo en cinco localidades a través del Metroplex de Dallas-Fort Worth, Texas. Vemos cerca de 5,000 personas al año hacer su profesión de fe en Cristo por primera vez.

Los números son impactantes para mí, y no los menciono para presumir de algo que haya hecho. En realidad, los menciono por todo lo contrario. No hay manera, en lo absoluto, que yo hubiera podido producir alguna vez algo de lo que ha sucedido.

Por el contrario, así es como se ve cuando Robert Morris piensa que él tiene el control. Una vez, durante el cuarto año de Gateway, tome unas vacaciones rápidas en las montañas de Colorado. Durante meses me había sentido nervioso y guiado por la ansiedad y exhausto. El ritmo de la iglesia me estaba matando y desesperadamente necesitaba descansar.

Allá, viendo la majestuosidad de las Montañas Rocosas, abrí mi Biblia en el libro de Éxodo y derramé mi corazón en oración: *Señor, ahora sé por qué Moisés discutía tanto contigo. Moisés era un líder reacio, y yo también lo soy. No sé si puedo hacer esto. Estoy siempre tan estresado. Esta iglesia es demasiado grande. No es manejable. Se está haciendo muy grande para mí, y no creo que pueda seguir.*

Y Dios me hizo sentir en mi corazón una voz clara y quieta: *Tienes razón, Robert. Gateway Church se ha vuelto muy grande para ti. De hecho, todo lo que te he llamado a hacer es demasiado grande para ti. El crecimiento de esta iglesia no ha sido resultado de algo que tú hayas hecho. Ha sucedido por Mí. Ahora, confía en Mí en esto. Consigue algunas personas que te ayuden a dirigir y luego disfruta lo que ha de venir.*

¿Puede ver la raíz del problema en mi oración inicial? No era que yo estaba estresado, eso solo era un síntoma. La raíz del problema era que yo pensaba que yo debía de poder manejar Gateway Church por mí mismo. Ese era un indicativo de orgullo. Era yo aceptando la autosuficiencia.

El orgullo sucede cada vez que decimos o pensamos: "Gracias, Dios, yo puedo con esto". Y fácilmente puede convertirse en una trampa demoniaca.

Vea, la única razón por la que se me permite predicar la Palabra de Dios es por la gracia de Dios. La única razón por la que se me permite ministrar a los demás es la gracia de Dios. La única razón por la que se me permite llevar a una persona a la salvación en Jesucristo es la gracia de Dios. La única razón por la que vivo, me muevo o respiro es debido a la gracia de Dios.

Cada día, Dios me extiende una atenta invitación. Él quiere cargarme por medio de Su fuerza, y por eso Él me invita a estar de rodillas cada mañana, diciendo:

> *Dios, los eventos de este día van más allá de mis fuerzas. El sol solamente se levanta porque Tú dices que lo hará. Por Tu poder y misericordia, este día escucharé Tu voz y haré Tu voluntad. Te serviré de todo corazón con el poder que Tú me das, y solamente con ese poder. Este día se trata de Ti y por Ti y proviene de Ti. Yo soy Tu siervo. Tú guías; yo te sigo. Amén.*

Usted tiene una invitación similar.

Dios le ha llamado a un ministerio que va más allá de su propia fortaleza. Usted podría pensar que no tiene un ministerio superior a usted, pero sí lo tiene.

Podría ser tan sencillo como ir a trabajar cada mañana a un empleo donde usted ha sido llamado a ser sal y luz para un mundo que, desesperadamente necesita a Jesús. O, tal vez, esté relacionado con cuidar a sus hijos de manera que la próxima generación crezca alabando el nombre de Dios. Quizá tiene un matrimonio difícil, y necesita recordarse a sí mismo, diariamente, amar a la persona con la que se casó porque Dios le manda amar. O, quizá, usted cuida de sus padres ancianos, y le acongoja verlos padecer las brutalidades de la vejez. O, tal vez, Dios le está llamando a ser líder de un grupo pequeño en su iglesia o a impartir la Palabra de Dios cada semana en una clase dominical para niños de quinto grado, o a trabajar en la sala cuna en el ministerio estratégico de cuidar a los más pequeños de la iglesia.

Cualquiera que sea su ministerio, *usted no puede hacerlo en sus propias fuerzas.*

Ese pensamiento es impactante así como libertador. Impactante porque cuando usted comprende la totalidad de lo que Dios le ha llamado a hacer, entonces, el sueño surge más grande, profundo y ancho de lo que se había imaginado al principio. Libertador porque si su llamado viene verdaderamente del Señor, entonces usted tiene la confianza total de que Jesús está en control, y a donde sea que Dios guíe, Dios provee.

Depender completamente de Dios no es una verdad fácil de comprender. El propósito es que nunca nos veamos a sí mismos como inútiles, incompetentes o ineptos. Paradójicamente, somos llamados a ser personas impotentes y personas capaces al mismo tiempo. Impotentes porque siempre es Dios quien actúa en nosotros para que todas las cosas funcionen *"conforme al consejo de su voluntad"* (Efesios 1:11). Capaces porque somos llamados a ver siempre nuestra identidad a la luz de lo que Dios dice de nosotros. Somos hijos del Rey (2 Corintios 6:18). Somos pueblo escogido y real sacerdocio (1 Pedro 2:9, NVI). Somos herederos de Dios completa y sinceramente amados (Romanos 8:17). Y tal como nos lo recuerda Filipenses 4:13, nosotros *"todo lo podemos en Cristo que nos fortalece"*.

El apóstol Pablo demostró confianza en quien Dios lo había llamado a ser y lo que Él le había llamado a hacer cuando escribió de sí mismo: *"Sed imitadores de mí, como también yo lo soy de Cristo"* (1 Corintios 11:1).

¿Depende de Dios para todo? ¿Es capaz e impotente a la vez? Si no, esa es una raíz de orgullo, y es un gran problema.

Cuando hablo acerca del orgullo, encuentro personas que insisten en que ellos no son orgullosos. Sin embargo, ese es un pensamiento peligrosamente orgulloso en y por sí mismo. De hecho, la puerta abierta número uno a la opresión espiritual que he visto a lo largo de los años en los creyentes, ha venido de esa área. El orgullo es el punto de apoyo que le encanta al diablo. A él le encanta porque es predominante en el corazón de las personas. Y le encanta porque es tan engañoso y difícil de detectar.

Veamos tres formas en que el orgullo puede presentarse en nuestra vida y lo que se puede hacer si lo hace.

#1: Confiar en nuestras propias fuerzas

¿Se considera a sí mismo una persona fuerte o una persona débil? Espere. No responda la pregunta tan rápidamente porque la respuesta correcta podría sorprenderle.

La Biblia dice que solamente somos fuertes cuando somos débiles (2 Corintios 12:10). Somos fuertes porque el poder de Dios se mueve dentro de nosotros (Filipenses 2:13). Dios nos invita: *"fortaleceos en el Señor y en el poder de su fuerza"* (Efesios 6:10). Sin embargo, Él nunca espera que nosotros dependamos de nuestras propias fuerzas o que vayamos sin Él. Cuando tratamos de hacerlo, allí es cuando nos engañamos a nosotros mismos y abrimos la puerta a la opresión.

¿Sabe quién pensó que era una persona fuerte aparte del Señor?

Pedro.

Y el Señor le demostró lo contrario.

Durante la Última Cena, Jesús oró sobre la copa y el pan, y distribuyó la comida a Sus discípulos. Luego se suscitó una corta pelea entre los doce acerca de quién debería ser considerado el más grande. Jesús resolvió la riña y luego, se dirigió a Simón Pedro y le dijo esta extraña línea: *"Simón, Simón, Satanás ha pedido sacudirlos a ustedes como si fueran trigo; pero yo he rogado por ti, para que no te falte la fe. Y tú, cuando hayas vuelto, deberás confirmar a tus hermanos"* (Lucas 22:31–32, RVC).

Este sorprendente pasaje de la Escritura contiene una advertencia que muchas veces pasamos por alto.

Jesús predijo que Pedro caería, y sabemos que Pedro entendió lo que Jesús estaba diciendo porque exactamente en el versículo siguiente trató de negarlo: *"Señor, estoy dispuesto a ir contigo tanto a la cárcel como a la muerte"* (versículo 33). Luego vino la famosa predicción de Jesús. *"Te digo, Pedro, que el gallo no cantará hoy hasta que tú hayas negado tres veces que me conoces"* (versículo 34).

Pero regresemos y examinemos esa poderosa advertencia en los versículos 31 y 32; la promesa que pasamos por alto con frecuencia. Note cómo Jesús dijo a Su discípulo Pedro, un seguidor evidente de Cristo, que Satanás había pedido zarandearlo.

La palabra griega traducida como "pedido" es más fuerte que nuestra palabra en español. Significa pedir algo con éxito; tanto pedirlo como recibirlo. Así que, en realidad, el versículo podría haberse traducido de esta manera: "Simón, Satanás ha pedido y recibido permiso para zarandearte como trigo".

La versión *La Biblia de las Américas* traduce esa frase con más fuerza aún: *"Satanás os ha reclamado"*. Él ha exigido permiso solo porque tiene un derecho. Jesús estaba advirtiendo a Pedro que estuviera alerta porque Pedro había dejado una puerta en su vida abierta a la opresión espiritual; Satanás tenía el derecho de entrar por las puertas abiertas.

Tenemos un cuadro aún más claro en una conversación registrada en los otros evangelios sinópticos, Mateo y Marcos. Jesús dijo a Sus discípulos:

> *"Todos vosotros os apartaréis, porque escrito está:*
> *'Heriré al pastor, y las ovejas se*
> *dispersaran'"*.
>
> —Marcos 14:27

Pedro habló inmediatamente. *"Aunque todos se aparten, yo, sin embargo, no lo haré"* (versículo 29).

Uno casi puede escuchar la vehemencia en la voz de Pedro. El desdén. La arrogancia. "Mira, Jesús", decía Pedro, "todos estos debiluchos podrían apartarse. Pero yo no". Luego Jesús hizo Su predicción acerca de las tres veces que Pedro lo iba a negar.

Yo creo que Jesús le decía a Pedro: "¿Qué parte de la palabra *todos* no entiendes? *Todos* ustedes me van a negar. ¡Todos! Hay una escritura en el Antiguo Testamento que dice que lo harán".

Sin embargo, Pedro no entendió. En efecto, dijo "no". "La Biblia está equivocada". Eso es orgullo. Él pensó que era lo suficientemente fuerte para soportar.

No era la primera vez que Pedro luchaba con el orgullo. En Mateo 16:21–23, se registró otra conversación entre Jesús y Pedro:

> *"Desde entonces Jesucristo comenzó a declarar a sus discípulos que debía ir a Jerusalén y sufrir muchas cosas de parte de los ancianos, de los principales sacerdotes y de los escribas, y ser muerto, y resucitar al tercer día. Y tomándole aparte, Pedro comenzó a reprenderle, diciendo: ¡No lo permita Dios, Señor! Eso nunca te acontecerá. Pero volviéndose Él, dijo a Pedro: "¡Quítate de delante de mí, Satanás! Me eres piedra de tropiezo; porque no estás pensando en las cosas de Dios, sino en las de los hombres".*

¡Increíble, Pedro! Una persona necesita sentirse terriblemente bien acerca de sí misma para reprender a Jesús. Note cómo Jesús ni siquiera usó el nombre de Pedro al responder. Vio directamente a Su discípulo y se dirigió a Satanás. Si Satanás estaba *en* Pedro o *sobre* él o *alrededor* de él o *influenciándolo* a él no está claro en el texto. Pero nosotros sí sabemos, con certeza, que Jesús vio directamente a Pedro y dijo: "¡Quítate delante de Mí, Satanás!". Pedro estaba confiando en sus propias fuerzas. Él tenía una puerta abierta para que Satanás influenciara su pensamiento y, finalmente, las palabras salieron de su boca.

Más tarde, en el Jardín de Getsemaní, cuando los soldados, junto con los "*varios* alguaciles de los principales sacerdotes y de los fariseos" (Juan 18:3), llegó a arrestar a Jesús, uno de los discípulos de Jesús trató de controlar a toda la guarnición.[1] ¿Adivina quién fue? El grande, tosco, fuerte Pedro, por supuesto (versículo 10). Según varios relatos de los evangelios, los oficiales llegaron con una "gran multitud" (Marcos 14:43) así como con "la cohorte romana... con linternas, antorchas y armas" (Juan 18:3). Y Pedro intentó enfrentarlos con una espada. Eso es confiar en sus propias fuerzas. Pedro no llegó muy lejos, pero sí tuvo éxito en cortar la oreja del siervo del sumo sacerdote.

De hecho, debido al orgullo de Pedro, Jesús le dijo: "*Satanás tiene el derecho a influenciarte. Has abierto una puerta para él debido a tu orgullo, y ahora, él te influenciará y Me negarás"*. Eso es exactamente lo que sucedió más tarde en la noche en que Jesús fue arrestado. Pedro estaba afuera de la casa del sumo sacerdote, en el patio. Allí, se calentaba las manos cerca del fuego. Una sierva lo vio bien e insistió en que Pedro era discípulo de Cristo. Pedro empezó a maldecir y a jurar diciendo: "Yo no lo conozco". Él hizo eso tres veces, justo como Jesús había dicho, antes de que el gallo cantara (Lucas 22:54–62).

El patrón de insistencia y negación no es poco común entre los cristianos. Muchos creyentes maduros caen en esta trampa, aún en la actualidad. Ellos han andado con el Señor por largo tiempo y luego, empiezan a confiar en sus propias fuerzas. Insisten en que pueden alcanzar algo o resistir la tentación por sí mismos o que pueden atravesar una dificultad si se aíslan de los demás creyentes.

Primera Corintios 10:12 expone una advertencia fuerte para todos nosotros: "*Por tanto, el que cree que está firme, tenga cuidado, no sea que caiga*".

La solución sencilla al problema del orgullo, de confiar en nuestras propias fuerzas, es depender del Señor siempre.

#2: Confiar en nuestra propia justicia

"*Porque por gracia ustedes han sido salvados mediante la fe;...no por obras*" (NVI).

¿Cierto?

Efesios 2:8–9 es un pasaje que nos encanta recitar cada vez que alguien nos cuestiona por estar confiando en nuestra justicia. Nosotros confiamos en la gracia de Dios.

¿Lo hacemos?

Confiar en nuestra propia justicia es una trampa en la que caemos más de lo que pueda imaginarse. ¿Recuerda la historia? La versión resumida es que Satanás y Dios tuvieron una gran discusión en el cielo, (algunos dirían que fue una apuesta), para ver qué sucedería si a un hombre particularmente justo, en la tierra, se le quitaba sistemáticamente todo lo que valoraba.

En Job 1:6–7, Satanás va a presentarse ante Dios y Dios le pregunta: "¿De dónde vienes?".

"Vengo de rondar la tierra, y de recorrerla de un extremo a otro" —le respondió Satanás. Esto va perfectamente con lo que sabemos de Satanás, que él anda como león rugiente buscando a quién devorar.

El resto de la conversación sigue así:

> *Y el Señor dijo a Satanás: ¿Te has fijado en mi siervo Job? Porque no hay ninguno como él sobre la tierra, hombre intachable y recto, temeroso de Dios y apartado del mal. Respondió Satanás al Señor: ¿Acaso teme Job a Dios de balde? ¿No has hecho tú una valla alrededor de él, de su casa y de todo lo que tiene, por todos lados? Has bendecido el trabajo de sus manos y sus posesiones han aumentado en la tierra. Pero extiende ahora tu mano y toca todo lo que tiene, verás si no te maldice en tu misma cara. Entonces el Señor dijo a Satanás: He aquí, todo lo que tiene está en tu poder; pero no extiendas tu mano sobre él. Y Satanás salió de la presencia del Señor.*
>
> —Versículos 8–12

Básicamente, Dios le da permiso a Satanás para oprimir a Job. Esta es una idea con la que algunas personas tienen problema. Sin embargo, el pasaje no es difícil de entender cuando leemos el resto del libro.

Más adelante, cuando la vida de Job ha sido destruida, tres de sus amigos llegan a tratar de consolarlo. (Por cierto, usted no querría tener amigos como estos.) "Mira, Job", le decían continuamente, en esencia: "¿estás seguro de que no hay una puerta abierta en tu vida?; algo que el enemigo pueda usar en tu contra". Y ellos recitaban una lista de transgresiones que Job pudo haber cometido. Sin embargo, Job dice: "No, no, no. No he cometido ninguna de esas cosas malas que han mencionado".

Luego, en el capítulo 32, un joven de nombre Eliú habla. Él había estado sentado cerca de los amigos todo el tiempo, simplemente escuchando, pero ahora él básicamente dice: "Yo no había dicho nada todo este tiempo porque me imaginé que ustedes, que son adultos mayores, con el tiempo lograrían obtener la respuesta correcta pues ustedes son muy sabios. Sin embargo, ninguno de ustedes la ha descubierto todavía, así que voy a decirles cuál es el problema aquí". Eliú pasa un tiempo más preparando su caso; luego él impacta a Job con un argumento contundente en Job 33:8–9:

Ciertamente has hablado a oídos míos,
y el sonido de tus palabras he oído:
"Yo soy limpio, sin transgresión;
soy inocente y en mí no hay culpa.

¿Lo descubrió? Ese es el pecado de la vida de Job revelado.

Job creía que él era justo debido al estilo de vida que llevaba, no debido a la Persona justa que él conocía.

Durante 31 capítulos de la Biblia, Job básicamente había estado diciendo: "Oigan, compárenme con cualquiera y verán que soy una buena persona. Soy justo". Sin embargo, él no era justo, no en el fondo. Él llevaba una vida correcta, seguro. Sin embargo, él era justo solamente por Dios, y allí es donde el falló en darle el crédito. El pecado de Job había abierto una puerta para que Satanás lo oprimiera, así que Dios le otorgó el permiso a Satanás para hacer su trabajo.

Los creyentes pueden caer tan fácilmente en la misma trampa. Pensamos: *Oh, yo no he hecho esto, y tampoco aquello, así que Dios tiene que pensar que soy perfecto*. Caemos en orgullo porque pensamos que nuestra justicia proviene de nosotros y no de Dios. Pero no somos justos por lo que hacemos. ¡Somos justificados por la sangre de Jesucristo solamente! Cuando empezamos a creer lo contrario, eso es orgullo.

La respuesta de Dios para Job llega al final del libro de Job. Dios expone el pecado de orgullo del hombre al comparar con sus obras finitas y su inteligencia con las obras infinitas y la inteligencia de Dios. Dios pregunta:

"¿Dónde estabas tú cuando yo echaba los cimientos
de la tierra?

Dímelo, si tienes inteligencia.
¿Quién puso sus medidas?, ya que sabes,
¿O quién extendió sobre ella cordel?".

—Job 38:4–5

Uno casi puede escuchar el sarcasmo divino en la voz de Dios mientras Él continua, ¡por casi 70 versículos! "¿Alguna vez le has dicho al sol por dónde salir?" (Estoy parafraseando). "¿Acaso el trueno va a tu trono a preguntarte dónde caer? ¿Vas en busca de leones y le dices a las águilas cómo volar?" (Job 38:12, 25, 39; 39:27).

Dios termina con diciéndole a Job: "*¿Me condenarás para justificarte tú?*" (Job 40:8).

Y en su favor, Job escucha esas palabras y se arrepiente.

¡Si tan solo más cristianos hicieran lo mismo!

Muchos creyentes maduros son justos en lo que se refiere a su forma de vida; sí, y vivir de manera justa es bueno. Definitivamente, actuar de manera contraria no es la solución; la forma de vivir injusta nos lastima y abre puertas a lo demoniaco. Sin embargo, la manera de vivir justa no nos hace justos. Solamente la sangre de Jesucristo lo hace.

Una vez, un hombre vino conmigo a recibir consejería conmigo y pasó la mayor parte de nuestro tiempo haciendo una lista de los diferentes problemas que estaba atravesando. Insistía en que todos los problemas se debían a lo que la demás gente había hecho mal. Terminó nuestra sesión diciendo: "Yo siempre he hecho lo correcto".

Me estremecí cuando escuché eso y pensé: *No, usted no ha hecho siempre lo correcto. Nadie ha hecho siempre lo correcto.*

Él estaba confiando en su propia justicia y eso es orgullo.

¿La solución directa para este problema de orgullo? Siempre tenga presente que nuestra justicia viene de Dios.

#3: Confiar en nuestra propia sabiduría

Una vez, Debbie y yo aconsejamos a una pareja que, claramente, iba en la dirección incorrecta. Casi al inicio de nuestra reunión, el problema se hizo evidente. Le señalé al esposo unas cuantas Escrituras sin mayor reacción de su parte. Después de eso, yo me quedé bastante callado durante el resto de nuestro tiempo juntos. Cuando terminamos y fuimos al carro, Debbie frunció sus labios. "Mmmm", dijo, "pensé que ibas a decir más de lo que dijiste en realidad. ¿Qué pasó allí?".

"El esposo no iba a escuchar independientemente de cuán fuertemente lo intentáramos", dije. "Me di cuenta de eso casi inmediatamente. Él piensa que es más inteligente que su esposa y más sabio que nosotros dos juntos, y había decidido anticipadamente que no iba a prestar atención a la consejería bíblica".

"¿Entonces qué va a suceder?", preguntó Debbie.

"Dios va a enviar al enemigo a oprimirlo", dije. "Esperemos que cuando suceda el esposo se arrepentirá".

¿Cómo sabía esto?

Hay una historia bíblica poderosa que se encuentra en 1 Reyes 22. Acab era el rey de Israel, y estaba teniendo un mal momento. Para empezar, se había casado extremadamente mal. El nombre de su esposa era Jezabel, y tal como vimos en el capítulo anterior, ella era una de las reinas de Israel más malvada que jamás se haya conocido. La otra preocupación más grande de Acab era que la ciudad de Ramot de Galaad, que solía pertenecer a Israel, había sido tomada por Siria. Acab quería recuperar la ciudad, pero el rey de Siria era demasiado poderoso para que Acab lo atacara por sí solo. De manera que tenía un dilema.

El rey Acab se reunió con Josafat, rey de Judá, quien recomendó pedirle a un profeta que pidiera consejo a Dios. Así que Acab llamó a los 400 profetas en su planilla y les preguntó si debían atacar Ramot de Galaad. Todos, los 400 de ellos, dijeron: "¡Sí, ve! Dios estará contigo".

Sin embargo, Josafat no estaba convencido. "¿No tienes más profetas?" preguntó.

"Sí, tengo otro, o algo que se le parezca", dijo Acab. "Su nombre es Micaías, y es un verdadero profeta del Señor. Pero lo odio porque nunca profetiza nada bueno acerca de mí. Hace un par de años lo puse en prisión".

Me encanta la segunda parte de esta historia, misma que voy a citar directamente de la Escritura:

> *Y cuando llegó al rey, el rey le dijo: Micaías, ¿iremos a Ramot de Galaad a pelear, o debemos desistir? Y él le respondió: Sube, y tendrás éxito, y el Señor la entregará en manos del rey.*
>
> *Entonces el rey le dijo: ¿Cuántas veces he de tomarte juramento de que no me digas más que la verdad en el nombre del Señor?*
>
> *Y él respondió: Vi a todo Israel esparcido por los montes, como ovejas sin pastor; y el Señor dijo:*
>
> *"Estos no tienen señor, que cada uno vuelva a su casa en paz."*
>
> *Y el rey de Israel dijo a Josafat: ¿No te dije que no profetizaría lo bueno acerca de mí, sino lo malo?*
>
> —1 Reyes 22:15–18

Inicialmente, Micaías llegó ante Acab de mala gana. Su actitud era: *Bueno, cualquier cosa que diga no la harás de todas maneras, así que mejor te digo lo que quieras oír.* Sin embargo, Acab lo presionó para que le diera la respuesta verdadera, así que Micaías se la dio. "No ataques la ciudad. Vas a perder".

Luego llegamos a la parte reveladora de la historia:

> *Respondió Micaías: Por tanto, escucha la palabra del Señor. Yo vi al Señor sentado en su trono, y todo el ejército de los cielos estaba junto a Él, a su derecha y a su izquierda. Y el Señor dijo: "¿Quién inducirá a Acab para que suba y caiga en Ramot de Galaad?" Y uno decía de una manera, y otro de otra. Entonces un espíritu se adelantó, y se puso delante del Señor, y dijo: "Yo le induciré." Y el Señor le dijo: "¿Cómo?" Y él respondió: "Saldré y seré espíritu de mentira en boca de todos sus profetas." Entonces Él dijo: "Le inducirás y también prevalecerás. Ve y hazlo así." Y ahora, he aquí que el Señor ha puesto*

un espíritu de mentira en boca de todos estos tus profetas; pues el Señor ha decretado el mal contra ti.

—Versículos 19–23

La frase "todo el ejército de los cielos" regularmente se refiere a los ángeles, pero la frase también da cabida a que los ángeles caídos estuvieran presentes cerca del trono de Dios. Observe en este pasaje que ellos están tanto a la derecha como a la izquierda del Señor, exactamente como en el juicio de "las ovejas y las cabras" (creyentes y no creyentes) descrito en Mateo 25:31–46.

Por un momento, tenga presente la historia de las ovejas y las cabras, y la historia de Acab y Micaías, y permítame mostrarle otra Escritura que define más al ejército de los cielos.

Segunda Reyes 21:1–17 cuenta la historia de Manasés, quien tenía 12 años cuando se convirtió en el rey de Israel y reinó por 55 años en Jerusalén. Manasés fue un rey terrible. Guió a la nación a la adoración de ídolos. Practicó la adivinación, usó hechicería y consultó médiums y espiritistas. Hasta quemó vivo a su hijo en un acto de idolatría; y según el versículo 5; *"edificó altares a todo el ejército de los cielos en los dos atrios de la casa del Señor"*.

Aquí Manasés no estaba construyendo altares para Dios. Estaba construyendo altares para ídolos. Adoraba a los ángeles; podrían o no haber sido ángeles caídos; de cualquier manera, construir altares para todo el ejército de los cielos, claramente se consideraba como algo malo.

Eso es importante. Recuerde, acabamos de leer en Job donde Satanás se presentó ante el trono de Dios, y Dios le dio a Satanás permiso para hacer algo. Ahora regresemos a la descripción de la visión de Micaías en 1 Reyes 22:20–23. Este pasaje muestra al Señor sentado en Su trono, a un espíritu de mentira hablándole y a Dios dándole instrucciones al espíritu. Note quién está siempre en control. No hay una batalla en los cielos entre Dios y el diablo. El diablo es un ser creado. Dios es el Creador. Dios siempre está a cargo y Él, algunas veces, usará al enemigo para llevar a cabo Sus propios propósitos. Cuando pecamos, abrimos una puerta al enemigo, y Dios podría dar permiso para que el enemigo nos oprima de la misma manera en que Él permitió que Simón Pedro fuera zarandeado como el trigo.

¿Por qué haría Dios eso? Marque esto cuidadosamente: Siempre es por nuestro propio bien. Dios es un buen Padre, y Él solamente nos disciplina por amor (Hebreos 12:6, NVI). ¿Disciplinan los buenos padres a sus hijos siempre? Por supuesto que sí. Los buenos padres disciplinan a sus hijos porque los padres no quieren que los hijos vayan por mal camino; y una manera en que nuestro Padre celestial nos disciplina es dejando que nos tropecemos en nuestro propio orgullo y que seamos humillados.

En Gateway, tenemos servicios los sábados por la tarde y los domingos por la mañana, y algunas veces el sábado por la noche se graba el mensaje para presentarlo la mañana siguiente. Me di cuenta que muchos de los líderes de estos servicios estaban diciendo la frase "esta noche" con frecuencia; lo cual no comunicaba bien en el video que veían los asistentes de la mañana. Así que me enfoqué con fuerza y me entrené a mí mismo para decir solamente "hoy" en esos mensajes. Luego le di mucha importancia ante nuestro equipo de liderazgo y les pedí que hicieran lo mismo.

¿Adivine qué pasó la siguiente vez que prediqué el sábado?

Yo dije "esta noche". ¡Varias veces! Y fui avergonzado.

Uno de los versículos peor citados en la Biblia es Proverbios 16:18. Generalmente oímos este versículo citado como: "El orgullo va antes de la caída". Pero vea cuidadosamente lo que el versículo dice en realidad:

> *Delante de la destrucción va el orgullo,*
> *y delante de la caída, la altivez de espíritu.*

El orgullo no va antes de la caída. El orgullo va antes de la destrucción. Mire el versículo nuevamente. Lo que va antes de la caída es la altivez de espíritu. Pero el orgullo va antes de la destrucción. Cuando tenemos orgullo en nuestra vida, seremos destruidos; o por lo menos, avergonzados. Una manera en que puede suceder es que Dios, en Su gracia, mande al enemigo para que caigamos en atadura. Si, estando en atadura, nos humillamos a nosotros mismos y clamamos a Dios: "Dios, ¡líbrame!", entonces Él nos librará.

O piénselo de esta manera. Jugar con el pecado es como caminar en la calle frente a un autobús que se acerca. Dios ve el peligro en el que estamos y nos empuja fuertemente para sacarnos del camino. Tal vez nos caigamos en el asfalto y nos raspemos en el proceso. Sin embargo, el fuerte empujón es en realidad un empujón hecho por amor. Ser empujado fuera del camino nos evita ser destruidos por el autobús que se acerca.

¿Cómo se relaciona confiar en nuestra propia sabiduría con el peligro? Santiago 3:14–15 lo describe con claridad: "*Pero si tenéis celos amargos y ambición personal en vuestro corazón, no seáis arrogantes y así mintáis contra la verdad. Esta sabiduría no es la que viene de lo alto, sino que es terrenal, natural, diabólica*".

En otras palabras, si estamos coqueteando con el pecado, es muy posible que nuestra conciencia o la gente a nuestro alrededor nos estén advirtiendo que estamos en peligro. Pero no estamos escuchando. Creemos que somos los suficientemente inteligentes para escapar del problema de alguna manera. Cuando eso sucede, Santiago dice que estamos escuchando la voz de la sabiduría demoniaca. Creemos falsamente que nadie puede corregirnos porque de algún modo tenemos monopolizada la verdad. Creemos que somos más inteligentes que los demás o que tenemos más experiencia; o que de algún modo, hemos estudiado más fuertemente o meditado más detenidamente en algo. El orgullo está trabajando tiempo extra en nuestra vida. La puerta se mantiene ampliamente abierta y la serpiente está escabulléndose hacia adentro.

Entonces, ¿alguna vez Dios le otorgaría permiso a Satanás para oprimir a un creyente?

Absolutamente.

Acabamos de verlo con Pedro.

Acabamos de verlo con Job.

Acabamos de verlo con Acab, un hombre que no era seguidor de Dios pero que, no obstante, conocía la verdad de Dios.

Ahora medite en esto: Pedro y Job, ambos sufrieron la opresión de Satanás; sin embargo, ellos se arrepintieron de su orgullo. ¿Cuál fue el resultado? Pedro llegó a ser uno de los apóstoles preeminentes en la iglesia del Nuevo Testamento. A Job le fue restituido, y duplicado, todo lo que Satanás había destruido.

¿Y Acab?

Acab no se arrepintió. Él, de todas maneras, fue a la batalla contra Ramot de Galaad y murió. Esa tampoco fue una coincidencia. Acab se disfrazó y fue a la batalla, vestido con una armadura común en lugar de sus ropas reales. Pero la Biblia dice que cierto hombre disparó una flecha al azar que cayó en la unión de la armadura de Acab (1 Reyes 22:34, 37–38).

Acab rehusó ser empujado fuera del camino del autobús que se acercaba, así que el autobús lo atropelló. Dios permitió que una flecha destruyera a Acab.

¿La solución clara y sencilla para este tercer problema de orgullo? Siempre debemos confiar en la sabiduría de Dios solamente, y no en alguna otra sabiduría que no venga de Dios o que no esté alineada a Su Palabra.

Esperanza para el presente

Quizá leyó este capítulo y ahora se siente agobiado. Se siente como si tuviera mucho trabajo que hacer en su jornada espiritual. Tal vez cree que necesita limpiarse a sí mismo antes para que Dios lo acepte.

Usted tiene orgullo en su vida, sí, y necesita desprenderse de él. No puede confiar en su propia sabiduría, así que necesita la sabiduría bíblica. Está parado frente a un autobús que se acerca, y necesita salirse del camino rápidamente.

¿Se siente cansado ya?

Espere, permítame enfatizar la obra de Dios en esta situación. Dios nos ama siempre, y el verdadero cambio de vida siempre viene de Dios. Sí, Él obra con nuestro consentimiento; y sí, hay algunas cosas que nosotros necesitamos hacer. Debemos arrepentirnos de nuestro orgullo y de otros pecados. Necesitamos obedecer los mandamientos de Dios y Su voz. Necesitamos aceptar Su liderazgo en nuestra vida. Sin embargo, la fuerte restregada para limpiarnos siempre es obra de Dios.

Recuerdo cuando Debbie dio a luz a nuestro hijo, Josh, y yo lo cargué justo después de que nació. La enfermera dijo: "Venga, devuélvamelo. Lo vamos a limpiar primero, Papá".

Sin embargo, yo no devolví a mi hijo, (al menos no inmediatamente). A mí no me importaba si Josh estaba limpio o no. Yo solamente quería cargarlo.

Así es como Dios se siente con nosotros. Dios nos carga cuando estamos ensangrentados, sucios y cubiertos después de nacer. Él ve nuestros pecados, nuestras manchas y suciedad y nos ama a pesar de nuestro desastre. No necesitamos limpiarnos nosotros mismos antes de acercarnos a Dios. Dios siempre nos da la bienvenida con los brazos abiertos.

¿Quiere orar conmigo ahora mismo?

Espíritu Santo te pido que traigas a Tu lado a toda persona que esté luchando con el orgullo. Ayúdanos a identificar el orgullo en nuestra vida y a arrepentirnos de él. Confiamos en Tu fuerza, no en la nuestra, para limpiarnos de ese orgullo. Confiamos en Tu justicia, no en la nuestra. Confiamos en Tu sabiduría, no en la nuestra. Gracias por amarnos y cuidar siempre de nosotros. Amén.

Eso es lo que se necesita para romper el yugo del orgullo. Dios nos perdona y obra en nuestra vida para liberarnos. Esas son buenas noticias en verdad.

La mala noticia es que el orgullo es solamente uno de los lazos que nos pueden enredar. En los capítulos siguientes, veremos otras puertas que los creyentes dejan abiertas que le permiten entrar al enemigo y, por lo tanto, robarnos nuestro gozo y dejarnos vencidos.

Preguntas para meditar o discutir en grupo

1. Orgullo significa confiar en sus propias fuerzas, su propia justicia o su propia sabiduría. Dé algunos ejemplos prácticos de cómo ha visto cualquiera de estos en su propia vida o en la vida de alguien a quien conoce bien.

2. ¿Qué significa depender de Dios para todo?

3. El capítulo dice: "Confiar en su propia justicia es una trampa en la que caemos más de lo que se pueda imaginar". ¿Qué significa eso? ¿Alguna vez ha visto ejemplos de esto en su propia vida?

4. ¿Por qué es difícil recordar que Dios tiene el control cuando estamos en medio de una batalla?

5. El capítulo dice: "El cambio de vida verdadero siempre viene de Dios". Explique cómo funciona esto y cuál es nuestra responsabilidad, y qué no lo es, en medio de eso.

Capítulo cinco:

ROMPER LA TRAMPA DE LA AMARGURA

Buscad la paz con todos y la
santidad,…que ninguna raíz de amargura,
brotando, cause dificultades.

—Hebreos 12:14–15

Fui salvo a los 19 años, después de haber atravesado algunos años difíciles como adolescente. No mucho antes de eso, Debbie y yo nos habíamos casado y la vida para nosotros, levantó el vuelo casi como un avión en la pista de aterrizaje. Empecé a trabajar para un evangelista y pronto estaba predicando con regularidad (y confiadamente) a miles de personas en grandes iglesias y en estadios.

Justo alrededor de ese tiempo, Debbie y yo pasamos por uno de nuestros primeros grandes "tropiezos" en el matrimonio. Habíamos tenido algunos problemas antes, pero esos habían sido culpa mía. Sin embargo, en este caso, debemos culpar a Debbie. Al menos, esa era la manera en que yo lo veía.

Para decirlo sencillamente: Debbie me estaba abandonando. Esa fue la falsa historia que me conté a mí mismo, y con ese pensamiento problemático dando vueltas en mi mente, un segundo problema, uno más grande, empezó a crecer: sentimientos de resentimiento relacionados con una persona en particular, donde sentía como si Debbie estuviera abandonándome. Estaba tan molesto que me enojé.

"¿Por qué tenías que dejarme solo con toda esa gente esta noche?" le dije entre dientes a mi esposa. "¡Siempre haces eso y tienes que dejar de hacerlo!".

"¿Cuál es el problema, Robert?" preguntó ella. "Todo lo que hice fue ir al otro lado del salón".

Se necesitó algún tiempo para que yo me abriera y me diera cuenta qué era lo que me molestaba en realidad. Cuando seguí profundizando, admití que tenía miedo de lo que la demás gente pensara de mí. Seguro, yo podía hablar ante miles de personas desde un púlpito, pero no podía hablar con unas pocas personas cuando estaba solo en un salón. Estaba preocupado de que conocieran a mi verdadero yo, el yo sin un mensaje preparado frente a él, el yo quien, por fuera, se veía como un líder sereno, pero que por dentro, le temblaban las rodillas. Seguro ellos se darían cuenta de cuán ignorante era. De cuán nuevo era en el cristianismo. Lo poco que conocía mi Biblia. Que no tenía nada que hacer predicando la Palabra de Dios. De cuán avergonzado estaba de tantas cosas de mi pasado. Por eso es que siempre necesitaba que Debbie estuviera a mi lado, para protegerme de mis propias inseguridades.

Cuando finalmente admití mi problema, Debbie parecía sorprendida, casi escéptica. Ella no sabía que lo que estaba haciendo me podría molestar. Mire, yo estaba enojado con mi esposa porque tenía una expectativa exagerada de ella. Yo pensaba que su trabajo era estar literalmente pegada a mi lado, siempre. Verdaderamente, el problema era completamente mío. Yo le tenía miedo a la gente, y debido a ese problema, había permitido que creciera una mala raíz de amargura. La amargura me estaba haciendo gritarle a Debbie, y si se dejaba sin tratar, podría haber empeorado y causado una gran cantidad de otros problemas.

Afortunadamente, después de admitir mi problema ante mi esposa, la sanidad comenzó tanto para mi temor a las personas como para la amargura que sentía hacia Debbie. Poco a poco, Dios empezó a obrar en mí, invitándome a decirle a Él todos mis temores, dejándolos a Sus pies. A medida que Debbie y yo hablábamos detalladamente de las cosas, pude confesar ante el Señor la amargura que sentía hacia mi esposa debido a la expectativa que yo tenía de ella y que no había sido cumplida. Fui capaz de permitir que el Espíritu Santo hiciera una obra verdadera en mi vida, y ambos, Debbie y yo, fuimos capaces de perdonarnos mutuamente y de ratificar nuestro amor.

Permítame hacerle una gran pregunta, y le animo a que no responda demasiado rápido. Solo piense por un momento.

Si algo malo o decepcionante le ha sucedido, ¿ha permitido que una raíz de amargura crezca dentro de usted?

Mire la raíz

La raíz es una causa. En el caso del tropiezo matrimonial, la causa de mi enojo era mi necesidad insatisfecha de seguridad. Esperaba que Debbie llenara esa necesidad, y cuando no lo hizo permití que la amargura echara raíz y reaccioné de manera pecaminosa.

Mire cualquier problema en la vida de alguien. El problema, por lo general, se presenta como un síntoma que surge de un problema más profundo. Digamos que alguien está pasando por problemas financieros. En su mayoría, hay una razón más profunda detrás de esos problemas. O quizá una persona va de una mala relación a otra. Generalmente, hay alguna clase de raíz o causa por la que eso continúa sucediendo. Tal vez pareciera que una persona nunca puede mantener un trabajo fijo. Lo más frecuente es que hay una causa por ello. Algunas personas tienen problemas con el temor o el enojo o las adicciones. Normalmente, detrás hay una razón más profunda.

La amargura, sin embargo, es la raíz de todas las raíces. La Biblia describe a la amargura en Hebreos 12:14–16:

> *Procuren vivir en paz con todos, y en santidad, sin la cual nadie verá al Señor. Tengan cuidado. No vayan a perderse la gracia de Dios; no dejen brotar ninguna raíz de amargura, pues podría estorbarles y hacer que muchos se contaminen con ella. Que no haya entre ustedes ningún libertino ni profano, como Esaú, que por una sola comida vendió su primogenitura.*

Este pasaje indica que "muchos" pueden contaminarse de amargura. Es un problema serio que puede afectar mucho.

Amargo, literalmente, es uno de nuestros sabores, es una sensación en nuestra boca aguda, penetrante, desagradable. El limón es amargo. La aspirina sabe amarga antes de tragarla. Amargura, en sentido figurado, es una sensación desagradable, profunda en nuestro interior. Es una sensación punzante y cortante dentro de nuestra alma. La amargura ocurre cuando sentimos que la vida es injusta. Nos sentimos ofendidos, dejados a un lado, molestos o irritados. Estamos resentidos, molestos, angustiados o somos cínicos, envidiosos. Estamos resentidos. Sentimos que no hemos recibido un trato justo. Nos sentimos menospreciados, y se nota.

Si estamos amargados, entonces, esa amargura produce otros problemas. La amargura hace crisis en una gran cantidad de acciones, comportamientos y actitudes del corazón; incluyendo: adicciones, irritabilidad, depresión, uso de pornografía, lujuria, inmoralidad, ira, falta de perdón, odio, envidia, celos y más. Muchos problemas diferentes son el resultado de una misma raíz.

Yo mismo he estado allí. Fui salvo cuando tenía 19 años; sin embargo, aún seguía tan cerca del mundo durante los primeros años de mi matrimonio que era verdaderamente difícil vivir conmigo. En aquel entonces, solía permitir que mi frustración se convirtiera en ira, y cuando me enojaba, tendía a pegarle a las cosas. Por la gracia de Dios, nunca le pegué a Debbie pero una vez sí deje una hendidura en su carro. Ella bromeaba diciendo que yo era el Hombre Increíble y que necesitaba cuidarme, pero yo podía darme cuenta que mis acciones la hacían temblar.

En otra ocasión, me puse tan enojado que hice una abolladura en nuestro refrigerador. Debbie puso una calcomanía magnética en forma de girasol sobre la abolladura para cubrirla, y continuó con las actividades del día. Sin embargo, algo más grande no estaba bien entre nosotros; eso estaba muy claro.

No fue sino hasta que busqué más a fondo con el Señor y que revelé ante Él la fuente de mi ira, que las cosas finalmente empezaron a cambiar. Mi enojo podía rastrearse a la raíz de amargura que yo había permitido que floreciera. Recuerdo bien un día cuando era solamente un niño, fui agredido por un grupo de niños mayores. Estaba tan asustado que ellos fueran a lastimarme que empecé a llorar, justo en medio de su agresión. Todos pensaron que yo era un verdadero hazmerreír. Me pusieron apodos, se reían y burlaban de mí por portarme como "una niñita".

El incidente causó una tremenda herida en mi interior. Me sentí débil, avergonzado y rechazado por los demás. Como defensa, juré que nunca más volvería a llorar. Desde ese punto en adelante, solamente actuaría fuerte y rudo, como un verdadero vaquero. Si algo me lastimaba, me enojaba en vez de llorar. Me volví amargado en vez de mejorar, y mi amargura se volvió ira. El enojo llegó a ser mi principal mecanismo de defensa, y el enojo desenfrenado tiene una asombrosa manera de irse convirtiendo en ira. Por eso es que le di un golpe al carro y al refrigerador. Me llevó 20 años después de mi niñez para poder llorar de nuevo. En ese punto el Señor empezó a sanar mi herida de la niñez.

Isaías 53:5 contiene estas palabras proféticas acerca de Jesús:

Mas Él fue herido por nuestras transgresiones,
molido por nuestras iniquidades.
El castigo, por nuestra paz, cayó sobre Él,
y por sus heridas hemos sido sanados.

¿Pudo notar la secuencia? Jesús fue herido y molido y rechazado por nosotros, todo para que pudiéramos ser sanados, aun de esta trampa destructora. Pero para que eso suceda, tenemos que tomarlo en serio.

La amargura no tiene que crecer dentro de nuestra vida. Nuestras heridas y deseos no cumplidos solamente pueden ser sanados por Cristo. No tenemos que ser personas amargadas. Si le damos lugar a la amargura, entonces la raíz de amargura no tiene que permanecer. Cristo puede buscar a profundidad y quitar esa raíz. Con la ayuda del Espíritu Santo podemos ser verdaderamente libres.

La amargura es una condición espiritual que Satanás y su banda pueden usar para atraparnos en el dolor y la desesperación. Nuestro trabajo es buscar el rostro de Dios en oración y pedirle que nos muestre esta raíz en nuestra vida. Necesitamos ver la verdad de este pecado, confesarlo ante el Señor y luego, pedirle al Señor, en el nombre de Jesús, que nos libre de cualquier opresión espiritual dañina que ha salido por o debido a ella. Donde haya un vacío, debemos pedirle al Espíritu Santo de Dios que llene nuestra vida de nuevo. Donde una vez hubo amargura, orar por sanidad, perdón, limpieza y restauración.

Veamos tres características de las raíces amargas, y subsecuentemente, tres maneras en que Dios nos sana de la amargura.

#1: Las raíces amargas nos engañan. Dios nos dice la verdad.

Una raíz de amargura puede provocar un gran engaño en nuestra vida. Las fuerzas demoniacas espirituales que rodean a la amargura susurran mentiras a nuestros oídos. Debido a la amargura, no podemos ver la situación con claridad. No somos capaces de distinguir una realidad de un error.

Este engaño tiene su origen en el principio de los tiempos. Pablo, en 2 Corintios 11:3, dijo: "*Pero temo que, así como la serpiente con su astucia engañó a Eva, vuestras mentes sean desviadas de la sencillez y pureza de la devoción a Cristo*". Pablo nos recuerda acerca del pecado original que cometieron Adán y Eva. Nos advierte que lo mismo puede sucedernos. Nosotros, también, podemos ser engañados fácilmente.

¿Recuerda la gran mentira que lo empezó todo? Allá en el Edén, Satanás llegó a Eva y le dijo en voz baja: "Adelante; solo cómete el fruto". "*Dios sabe que el día que de él comáis, serán abiertos vuestros ojos y seréis como Dios, conociendo el bien y el mal*" (Génesis 3:5).

Satanás le estaba diciendo a Adán y a Eva que si ellos simplemente se separaban de Dios, entonces podrían obtener algo que no tenían; si tan solo comieran del fruto, entonces sus ojos serían abiertos y ellos serían como Dios. Permítame explicar esa mentira.

Adán y Eva ya conocían el *bien*. Conocían la máxima expresión del bien; de hecho, hablaban con Él todos los días. El nombre del bien es Dios. Dios es la fuente de todo bien. Él es la personificación de todo lo que es correcto y puro y noble y justo y verdadero. Dios es bueno. Él siempre es bueno, todo el tiempo.

La mentira de Satanás era que de alguna manera Adán y Eva estarían mejor si conocieran el *mal*. Satanás estaba tratando de convencerlos de que: *Si tan solo conocieran el mal de primera mano, entonces su vida sería mejor.*

¿Con cuánta frecuencia caemos en la misma trampa hoy día?

Los demonios de Satanás vienen a nosotros y nos susurran que seguramente Dios nos oculta algo. Con seguridad Dios no está haciendo por nosotros lo que Él debería estar haciendo. Seguramente hay algo mejor de lo que tenemos. Con seguridad nos estamos perdiendo algo divertido, intenso, liberador, satisfactorio o emocionante.

Satanás quiere que creamos esta mentira. Él quiere que nos amarguemos en contra de Dios.

Vea esto cuidadosamente. El pecado original, no el de Adán y Eva, sino el de Satanás, estaba estrechamente relacionado con la amargura hacia Dios. Isaías 14 describe cómo cayó Satanás: Él quería ser como Dios porque sentía que Dios estaba reteniéndole algo que él merecía. Satanás era un ser creado esplendoroso que quería ser exaltado como Dios. Sin embargo, Dios, por Su sabiduría, bondad y justicia, dijo que no. Esa cantidad de exaltación debía ser reservada solamente para Dios. De manera que, por su orgullo y amargura, Satanás se rebeló.

Hay dos maneras en que creemos las mentiras de Satanás y no alcanzamos la gloria de Dios; son dos extremos en los lados opuestos del espectro. En un extremo está la lascivia y en el otro, el legalismo.

Lascivia significa vivir de mala manera. Es cuando la gente piensa que pueden vivir como quieran y que no habrá consecuencias. Para un creyente, eso significa pisotear la sangre de Cristo. Como creyentes sabemos, básicamente, que recibimos la santidad por gracia a través de la fe. Sin embargo, a lo largo de la Escritura también se nos instruye que andemos de manera que sea agradable a Dios (2 Corintios 5:9). Si no estamos llevando vidas santas, no sentimos la presencia de Dios en nuestras actividades diarias.

La otra forma en que podemos ser insuficientes es a través del legalismo; intentamos ganarnos nuestra relación con Dios. Trabajamos más duro y tratamos de sobresalir para ser lo suficientemente buenos para Dios. Señalamos nuestras buenas obras y pensamos que, al adherirnos estrictamente a una ley, principio o mandato, de alguna manera seremos lo suficientemente buenos para ser aceptados por Dios. Insistimos en que son *nuestras* obras las que importan. Luego, si pecamos o tenemos problemas para mantener esas leyes, nos juzgamos indignos por nuestra conducta injusta. Permítame decirle: los legalistas son algunas de las personas más miserables que yo haya conocido jamás. Siempre tienen alta percepción de sí mismos o una baja percepción de sí mismos, están orgullosos o destrozados.

Me reuní con una pareja que me contó que durante 20 años habían vivido cerca del nivel de pobreza porque esa la voluntad de Dios que así lo hicieran. El esposo había sido despedido y había estado moviéndose de un trabajo a otro. Habían enfrentado la bancarrota, perdido la casa, manejado vehículos chatarras, dependiendo siempre de la caridad de los demás y necesitando siempre algo.

Les pregunté por qué creían que era la voluntad de Dios que vivieran de esa manera. Me contaron que Dios les había dado una palabra especial cuando estaban recién casados. Que ellos siempre vivirían precariamente porque Dios quería que dependieran de Él.

Con el tacto que me caracteriza dije: "Eso es una mentira".

Era una mentira porque no se alineaba con la Escritura. Por favor póngame atención; existe un evangelio de la *prosperidad* que está equivocado, pero existe un evangelio de la *pobreza* que también está equivocado. Hay dos extremos de error y no hay evangelio en lo absoluto.

La verdad es que Dios nos *provee*. Filipenses 4:19 es claro en que Dios suple para todas nuestras necesidades. En Mateo 6:31-32, se nos dice que no nos preocupemos por lo que vayamos a comer o a verter porque nuestro Padre celestial sabe que necesitamos estas cosas. Santiago 4:1–2 nos anima a pedir a Dios por nuestras necesidades. Dios quiere proveer para nosotros de manera que podamos ser una bendición para los demás.

Empecé a mostrarles en la Escritura que lo que ellos habían creído era una mentira. Después de dos o tres sesiones de consejería, empezaron a admitir que estaban enojados con Dios. Ellos vieron cómo Él estaba bendiciendo a los demás, pero estaban amargados porque Él no los bendecía. El problema no era Dios. El problema era que Satanás había entrado y engañado a esta pareja. Habían desarrollado una raíz de amargura debido a ese engaño.

¿Hay algún área de la vida donde hayamos sido engañados? Las raíces de amargura nos mienten, en cambio Dios siempre nos dice la verdad.

#2: Las raíces de amargura contaminan a muchos. Dios puede limpiar toda mancha.

Mire Hebreos 12:15: *"que ninguna raíz de amargura, brotando, cause dificultades y por ella muchos sean contaminados"*.

Esta palabra *contaminados* es clave; en el lenguaje original del texto, la palabra en realidad significa que algo está manchado o teñido, como con un color diferente.[1] Recientemente una mujer me dijo que cada vez que veía su pasado, todo lo que podía ver era una mancha. No creía que podía ser feliz alguna vez o estar en paz porque su pasado estaba muy afectado por el pecado. Le dije que ella estaba creyendo una mentira, luego la llevé a Isaías 1:18 y a 1 Juan 1:9 en donde se muestra con claridad que la sangre de Jesucristo nos limpia de todo pecado y nos quita toda mancha. Aunque nuestros pecados sean como la grana, serán emblanquecidos como la nieve.

Vea la referencia a Esaú en Hebreos 12:15-16. No queremos permitir que ninguna raíz de amargura florezca y cause problemas porque *"por ella muchos sean contaminados; de que no haya ninguna persona inmoral ni profana como Esaú, que vendió su primogenitura por una comida"*.

En Génesis 25:29–34, un día, Esaú regresó de los campos de andar de cacería y estaba cansado y hambriento. Esaú dijo a su hermano gemelo, Jacob: "*Te ruego que me des a comer un poco de ese guisado rojo*" (versículo 30).

Sin embargo, Jacob quería ver cuánto podría obtener de su hermano, así que dijo: "*Véndeme primero tu progenitura*" (versículo 31). Aunque eran gemelos, Esaú era considerado el hermano mayor porque él fue el primer bebé que salió de la matriz. En esa cultura, la primogenitura le daba al hijo el doble de lo que los demás hermanos recibieran como herencia. También significaba que el hijo mayor llegaría a ser la cabeza de la familia después de la muerte de su padre. Además, la bendición y la autoridad se pronunciaban sobre quien tuviera la primogenitura.

Esaú desperdició la suya. Él dijo: "*He aquí, estoy a punto de morir; ¿de qué me sirve, pues, la primogenitura?*", (versículo 32). Él exageraba. Él no estaba a punto de morir. Él solo estaba cansado y hambriento, y estaba dispuesto a hacer cualquier cosa para que sus necesidades fueran cubiertas inmediatamente.

De manera que Jacob le dio pan y guisado de lentejas a Esaú a cambio de su primogenitura. Esaú comió y bebió, se levantó y siguió su camino como si nada hubiera pasado. El versículo 34 dice: "*Así menospreció Esaú la primogenitura*". Él no la valoró; la cambió por toda esa comida.

¿Alguna vez se ha preguntado qué pasó después con Esaú? Es muy simple.

Se volvió amargado.

La amargura empeoró y creció. Poco tiempo después, tal como se menciona en Génesis 28:6–9:

> *Y vio Esaú que Isaac había bendecido a Jacob y lo había enviado a Padán-aram para tomar allí mujer para sí, y que cuando lo bendijo, le dio órdenes, diciendo: No tomarás para ti mujer de entre las hijas de Canaán, y que Jacob había obedecido a su padre y a su madre, y se había ido a Padán-aram. Vio, pues, Esaú que las hijas de Canaán no eran del agrado de su padre Isaac; y Esaú fue a Ismael, y tomó por mujer, además de las mujeres que ya tenía, a Mahalat, hija de Ismael, hijo de Abraham, hermana de Nebaiot.*

Esaú estaba tratando de herir a su padre y a su madre. Si a Isaac no le agradaban las esposas cananeas para su hijo, ¡entonces Esaú iba a tener una! Él iba a hacer lo opuesto de lo que hiciera feliz a su padre. Esaú permitió que se desarrollara una raíz de amargura contra su familia, y quería lastimar a sus padres de cualquier forma posible.

¿Alguna vez ha visto algo como esto en su propia vida? ¿Alguien le ha lastimado y, por lo tanto, usted hace algo para fastidiarlo? O tal vez ha sido todo lo contrario. Usted lastimó a alguien, o alguien malinterpretó sus acciones y sus acciones lo ofendieron, así que él o ella hace algo intencionalmente para vengarse.

Por favor, présteme atención: ese tipo de acción, al final, solo destruirá a la gente. Generalmente, se multiplicará y lastimará a mucha más gente de lo que se había pensado. Las raíces de amargura también lastiman a la persona que la lleva en su corazón. La amargura destruye a cualquiera que se aferra a ella.

Por lo general, cualquier herida que sentimos en nuestro corazón hacia una persona es, al final, dirigida a Dios. Ese fue el patrón que Noemí mostró después de haber perdido a su esposo y a sus dos hijos por la hambruna. Después de haber regresado a casa, a Belén, con su nuera, Ruth, ella le dijo a la gente del pueblo que la llamaran por un nombre diferente. Noemí, su nombre original, significaba "placentera". Sin embargo, ella dijo: *"llamadme Mara, porque el trato del Todopoderoso me ha llenado de amargura. Llena me fui, pero vacía me ha hecho volver el Señor. ¿Por qué me llamáis Noemí, ya que el Señor ha dado testimonio contra mí y el Todopoderoso me ha afligido?"* (Ruth 1:20–21). El nuevo nombre de Noemí, Mara, significaba "amarga".

Esa es una raíz de amargura dirigida a Dios.

Yo creo que muchos de nosotros, en nuestros momentos de mayor sinceridad, diríamos algo similar que lo que dijo Noemí. Vemos a nuestra vida y hay algo por lo cual culpar a Dios. ¿Alguna vez ha dicho o sentido algo como lo siguiente?

- Dios, ¿por qué este matrimonio es tan difícil? ¿Por qué no haces algo al respecto?
- Dios, ¿por qué esta persona, que es tan importante para mí, está sufriendo tanto? Tú puedes sanar a esta persona, pero no lo haces. ¿Por qué?
- Dios, ¿por qué mis hijos no son todo lo que yo quiero que sean? Tú puedes hacer algo para cambiar sus vidas, pero no lo haces. ¿Por qué?
- Dios, ¿por qué está teniendo problemas mi negocio? O, Dios, ¿por qué perdí mi trabajo? O, Dios, ¿por qué estamos teniendo problemas financieros?
- Dios, ¿por qué mi vida no va como yo quiero?

Definitivamente, está bien hacerle preguntas difíciles a Dios en oración, en tanto lo hagamos de manera reverente. Dios es lo suficientemente maduro para manejar cualquier cosa que le preguntemos. Sin embargo, cuando preguntemos, debemos asegurarnos que no estamos amargados contra Dios.

El problema del mal y la doctrina de la soberanía de Dios son, al mismo tiempo, simples y complejas; y estas están directamente relacionadas a cualquier sentimiento de amargura que podamos tener en contra de Dios. Soberanía significa que Dios es el gobernador supremo del universo. Dios tiene todo el poder sobre todo. Dios, en Isaías 46:9-10 declaró: *"yo soy Dios, y no hay otro; yo soy Dios, y no hay ninguno como yo,... Yo digo: 'Mi propósito será establecido, y todo lo que quiero realizaré'"*.

Junto con la doctrina de la soberanía, viene otra doctrina: libre albedrío. Esto significa que Dios no quiere robots, de manera que Él nos permite escoger (Romanos 6:16). Debido a nuestro libre albedrío, todos, gracias a Adán y a Eva, escogimos pecar. En nuestro mundo actual tenemos adversidad, enfermedad, luchas y muerte. Parte de la razón por la que suceden cosas malas es que Dios nos ha permitido escoger. Aun así, Él es soberano sobre todo. Sin embargo, Él en Su infinita sabiduría, le ha permitido a la humanidad vivir en un mundo caído.

¿La soberanía de Dios significa que Dios es el autor del mal? No. Nunca. *"Dios es luz, y en Él no hay tiniebla alguna"* (1 Juan 1:5). Aun así, Dios permite que el mal exista y lo hace porque respeta el libre albedrío de la humanidad". Dios no produce el mal, sin embargo, lo permite. Se nos pide que tengamos fe que Dios sigue siendo bueno y que *"todas las cosas cooperan para bien, esto es, para los que son llamados conforme a su propósito"* (Romanos 8:28).

La amargura nos aleja de Dios. Las raíces de amargura pueden contaminar a muchos. La buena noticia es que Dios puede limpiar toda mancha.

#3: Las raíces de amargura deprimen. Dios trae vida nueva.

Cuando estamos amargados, tendemos a estar abatidos o deprimidos. La amargura supone que nada más puede hacerse para remediar una situación, así que todo lo que nos queda es revolcarnos en nuestros lamentos. Cuando andamos llevando amargura en nosotros, llevamos esa sensación de desánimo o rechazo. Este tipo de opresión es, con frecuencia, algo de lo que necesitamos ser libres en el nombre de Jesús.

Eso es lo que le sucedió a Esaú. En Hebreos 12:17, Esaú quiso heredar la bendición, pero "él fue rechazado". Él no fue rechazado por Dios. Más bien, Esaú llevaba una sensación de rechazo dentro de él que no le permitía recibir las bendiciones de Dios en su vida. Esaú siguió llevando esa sensación de rechazo, esa depresión, ese desánimo con él "pues no halló ocasión para el arrepentimiento, aunque la buscó con lágrimas".

Hebreos 12:16 nos dice que tengamos cuidado con la amargura porque está estrechamente asociada con la fornicación y un estilo de vida profano. La fornicación es inmoralidad sexual. Un estilo de vida profano significa que la persona se deja llevar por los apetitos impuros. Podría ser un apetito por la glotonería, lujuria, violencia, codicia o ganancias deshonestas.

Un amigo mío, el pastor Olen Griffing, usa una ilustración para ayudar a comprender esta escritura. Él dice que es como un hombre que ha dado un viaje alrededor del mundo con todo pagado. El hombre va al aeropuerto, esperando ansiosamente el viaje, y mientras espera el avión, pide una hamburguesa. El hombre tiene hambre, pero la hamburguesa tarda más de lo esperado. ¿Adivine qué? El hombre no pierde el apetito que tiene por esta hamburguesa. Los oficiales de la aerolínea hacen la última llamada para su vuelo, pero él se rehúsa a subirse al avión. Finalmente, recibe su pedido y se come la hamburguesa pero pierde el viaje con todos los gastos pagados. Por un momento de placer, él deja pasar una oportunidad única en su vida.

Desafortunadamente, nosotros podemos ser como ese hombre. ¿Cuántos hemos dejado ir a nuestras familias a cambio de un placer momentáneo? ¿Cuántos hemos renunciado a nuestros negocios por tajadas fugaces de pegado? ¿Cuántos hemos arruinado nuestra vida, y la de mucha gente a la que amamos, todo porque creímos en una mentira? En realidad, cada vez que pecamos, intercambiamos el placer de Dios por algo menos beneficioso.

¿Qué es lo que hace que una persona haga eso? Es una raíz de amargura. Es creer que de algún modo, Dios nos esconde algo. Dios no nos está dando todo lo que Él tiene para nosotros.

La Biblia es clara en cuanto a la obediencia a Dios. Sí, se nos da gracia cuando no le obedecemos, pero también estamos "malditos". Aquí está el principio en acción. Deuteronomio 28 hace una lista de nuestras bendiciones y maldiciones. Si obedecemos a Dios, entonces, generalmente se dan las bendiciones. Pero si no obedecemos a Dios, entonces, generalmente se dan las maldiciones. Este principio se repite en Gálatas 6:7: *"todo lo que el hombre siembre, eso también segará"*. En lugar de la palabra *maldición*, permítame darle una palabra que nos es más fácil de entender: *consecuencias*. Dios no está tratando de hacernos sentir mal. Él está diciendo que si le obedecemos, entonces las buenas consecuencias seguirán. Si no le obedecemos, entonces las malas consecuencias seguirán.

Dios nunca nos dice caprichosamente que le obedezcamos. Él siempre requiere obediencia por una razón. Es para que lo glorifiquemos y, de esta manera, nuestra vida vaya mejor. Moisés, en Deuteronomio 29:18, le dijo al pueblo que obedecieran a *Dios "no sea que haya entre vosotros una raíz que produzca fruto venenoso y ajenjo"*.

¿Alguna vez ha oído del ajenjo?

El ajenjo, literal, es una planta que pertenece a la familia de las margaritas. Es una hierba fuerte y amarga que se usa para dar sabor a varios platillos, para destilar varios alcoholes y como repelente de insectos y medicina, particularmente como un tratamiento contra la malaria. El ajenjo químico es extremadamente poderoso, y si una persona ingiere mucho ajenjo, causa enfermedad, convulsiones, alucinaciones y varios problemas mentales.

La palabra *ajenjo* se usa de manera figurada en la Biblia. Salomón dice en Proverbios que si alguien va tras una mujer inmoral, es como el ajenjo que produce un veneno que mata (Proverbios 5:3–4).

El libro *Cartas del diablo a su sobrino*, de C. S. Lewis, es una sátira apologética escrita a manera de historia para ayudar a los no creyentes a entender la Biblia. En el libro, el diablo tiene el nombre de un demonio que le escribe cartas a su sobrino, un demonio joven llamado Ajenjo, diciéndole cómo corromper a la gente y tentarla para alejarla de Dios. Lewis obtuvo el nombre de Ajenjo de una referencia bíblica: Apocalipsis 8:10–11:

> *El tercer ángel tocó la trompeta, y cayó del cielo una gran estrella, ardiendo como una antorcha, y cayó sobre la tercera parte de los ríos y sobre los manantiales de las aguas. Y el nombre de la estrella es Ajenjo; y la tercera parte de las aguas se convirtió en ajenjo, y muchos hombres murieron por causa de las aguas, porque se habían vuelto amargas.*

¿Cuál es el punto?

La amargura enferma a la gente, hasta la mata. La amargura es un veneno en nuestro sistema que tiene que ser removido a través de la liberación, confesión, perdón y oración.

Finalmente libre de la amargura

He tenido experiencias propias con la amargura; tanto con la amargura que he sentido en lo personal como con la amargura en mi familia.

Cuando Gateway empezó a crecer tan rápidamente, se sentía como si todo había explotado. A medida que la iglesia empezó a ser conocida tanto a nivel nacional como internacional, nos convertimos en una iglesia líder en el cuerpo de Cristo. Simultáneamente, escribí libros y prediqué en otras iglesias. Con este tipo de éxito rápido vino una ocupación que pronto demostró ser abrumadora.

Una de las víctimas de ese crecimiento fue mi hija. Cuando empecé a estar tan increíblemente ocupado, ella estaba en una edad clave, entre 13 y los 15 años, una etapa muy influenciable de la vida, y realmente le fallé durante ese tiempo por no estar cerca tanto como ella lo necesitaba.

Eso hizo que una raíz de amargura creciera en ella. Se enojó conmigo, con Dios y con la iglesia porque, en sus propias palabras: "la iglesia me robó a mi papá". Ella empezó a vivir en pecado. Durante varios años, todos tuvimos problemas debido a ello.

Cuando mi hija tenía casi 18 años, empecé a darme cuenta cuando oraba por ella, que mis acciones habían dañado a mi hija. Sabía que necesitaba arrepentirme. Un día tuve una larga conversación con ella y le dije cuánto lo sentía. Ambos lloramos. Le dije: "Amor, el resentimiento que sientes hacia mí es válido. Siento mucho no haberte dado atención. Yo soy quien estaba equivocado. Sin embargo, tú también tienes una responsabilidad aquí. Por favor, elije perdonarme. Si no lo haces, entonces la amargura que sientes destruirá tu vida".

Ella me perdonó, y yo vi a Dios sacar la raíz de amargura de ella. En unas pocas semanas después de eso, ella se arrepintió. Hoy en día, ella tiene cerca de 25 años y es una conferencista que ayuda a muchos otros a deshacerse de esa raíz de amargura.

Queda una pregunta importante por hacer en este estudio. Una de las dificultades más grandes para vencer la amargura es si una persona nos ha lastimado, y esa persona nunca pide perdón, entonces sentimos que no podemos perdonar a esa persona. Entonces, ¿qué hacemos?

La respuesta es que hacemos lo que hizo Jesús. Perdonamos de todas maneras.

Cuando Jesús estaba en la cruz, una de las cosas que dijo al final fue que tenía sed, y la gente le dio a tomar vinagre. ¿Alguna vez se ha preguntado por qué le dieron una bebida amarga y no vino común? Fue porque ellos querían que todo fuera lo más difícil posible para Él. Una bebida de vinagre podría saciar Su sed y mantenerlo vivo por más tiempo para que sufriera más. La gente que crucificó a Jesús nunca le pediría perdón. Muy posiblemente, la última bebida que Él recibió fue una indicación de la última tentación de Cristo: amargarse contra ellos. Guardarles resentimiento.

Jesús no solo no tomó la bebida amarga, sino que dijo: "*Padre, perdónalos porque no saben lo que hacen*". Jesús escogió perdonar y no tener amargura.

Nosotros tenemos la misma opción.

¿Hay resentimiento en su vida? ¿Hay enojo descontrolado, dolor, desilusión, decepción? Esa amargura devorará su vida. Usted necesita perdonar. Quizás haya una persona, un grupo de personas o una institución a la que necesite perdonar. Tal vez necesite perdonarse a sí mismo. Después que estuve involucrado en inmoralidad, me tomó años de la misericordia de Dios antes de poder perdonarme a mí mismo por el dolor que le había causado a mi familia y a otros. Tal vez usted necesite perdonar a Dios. Eso puede sonarle extraño porque Dios no puede pecar. Aun así, la palabra *perdonar* sencillamente significa "liberar". Usted libera a Dios. Usted dice: "Dios, yo sé que esto me sucedió, y ya no voy a responsabilizarte a Ti por esto. Sé que no fuiste Tú quien me lo hizo. Por fe creo que Tu siempre me amas y siempre quieres lo mejor para mí".

Permítame orar por nosotros mientras cerramos este capítulo.

Espíritu Santo de Dios, por favor saca cualquier raíz de amargura de nuestro corazón. Confesamos ante Ti que la vida no siempre ha funcionado de la manera que esperábamos, y debido a eso, hemos permitido que la amargura tome forma. Ahora mismo, en oración, queremos soltar a cualquier persona o cualquier cosa por la que hemos estado resentidos. Liberamos a esa persona o cosa. Por Tu poder y fuerza, escogemos perdonar. Líbranos ahora, en el nombre de Jesús de cualquier atadura demoniaca que pueda estar causando esta amargura. En oración acordamos que nuestra vida Te pertenece, Jesucristo, y que Te seguiremos de todo corazón. Llénanos ahora con la plenitud, bondad y poder del Santo Espíritu de Dios. Pedimos esto en el poderoso nombre de Jesucristo, amén.

Preguntas para meditar o discutir en grupo

1. Cuando una persona habla con resentimiento, ¿él o ella parece una persona del todo resentida? ¿Cree que sea posible estar resentido en una sola área de la vida?

2. Esaú se dejaba llevar por el apetito, y nosotros vivimos en un mundo que se desarrolla en la gratificación instantánea. ¿De qué maneras tiende a ceder fácilmente ante la satisfacción frente a usted en lugar de confiar en el Señor?

3. Noemí dijo: *"llamadme Mara, porque el trato del Todopoderoso me ha llenado de amargura"* (Rut 1:20). ¿Qué le habría dicho usted a Noemí? ¿Cómo le respondería a una persona que dijera: "Dios me hizo esto"?

4. ¿Cómo se siente cuando alguien que le ha lastimado es bendecido por el Señor? ¿Cómo percibe Dios a esa persona? ¿Qué es lo que Dios piensa acerca de la situación que atravesó?

5. Piense en una persona que creció experimentando un montón de relaciones con resentimiento. Describa cómo sería la vida de esa persona si la raíz de amargura fuera removida. ¿Cómo podría cambiar la vida de esta persona? ¿Cómo podría cambiar la percepción de Dios que esta persona tenga?

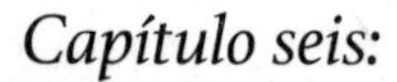

Capítulo seis:

ROMPER LA TRAMPA DE LA CODICIA

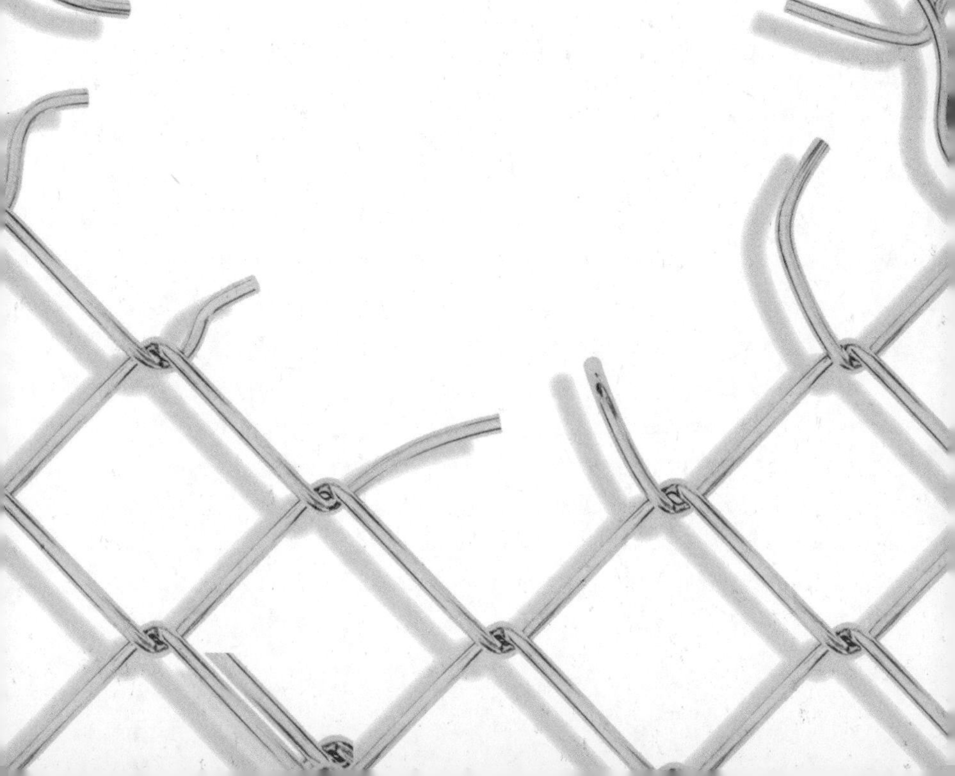

Dad, y os será dado; medida buena, apretada, remecida y rebosante vaciarán en vuestro regazo. Porque con la medida con que midáis, se os volverá a medir.

—Lucas 6:38

Estaba dando una plática en una conferencia, y antes de subir al escenario el líder a cargo del evento me preguntó, (la forma en que lo dijo fue muy específica), si yo *recibiría* una ofrenda.

Me reí por dentro, sin ser grosero. Era un líder más joven y bien intencionado. Además, muchas veces esa forma de hablar se usa en iglesias cristianas inmediatamente antes de pasar el plato de la ofrenda. Sin duda, él lo había tomado de alguien más y solamente estaba repitiendo lo que había aprendido. Sin embargo, por el gusto de entablar una conversación rápida acerca de la naturaleza de dar, decidí que me divertiría un poco con él.

"Bueno, claro", dije. "Me encantaría recibir una ofrenda de un público de este tamaño".

Me vio algo turbado, movió su cabeza y dijo: "Oh, no, yo no quise decir que la recibiría personalmente. "Yo quería preguntarle si"...y aquí viene nuevamente la estructura específica de sus palabras, "¿va a *recoger* la ofrenda?"

"Por supuesto, yo la recojo", dije. "¿Dónde quiere que la ponga?"

Él abrió su boca, pero no salió ninguna palabra de ella. Luego, torció los ojos como si yo viniera de un manicomio.

Finalmente dejé de hacerle bromas. "Usted me está pidiendo que guíe a la gente a ofrendar esta noche, ¿correcto?"

"Sí". Sonrió en alivio. "¿Lo haría?".

Mi objetivo era simple, aunque tiene grandes implicaciones para todo creyente. Esa discusión acerca de la forma en que hablamos resaltó uno de los principios peor comprendidos en el cristianismo. Los líderes de la iglesia no *recibimos* ofrendas y tampoco las *recogemos*.

Al contrario, nosotros *damos* ofrendas y las *llevamos* a Dios.

Permítame ampliar este principio y decirlo nuevamente un poco más fuerte. Esta vez, con una advertencia incluida. Los cristianos *tenemos* que llevar ofrendas a Dios. Si no lo hacemos, entonces nuestras razones para no hacerlo pueden ser un problema en gran manera.

A lo largo de mis años en el ministerio pastoral, he visto suceder esto una y otra vez. Si nosotros cerramos al enemigo toda puerta en nuestra vida y aun así no ofrendamos a Dios, entonces hemos dejado abierta una puerta muy amplia para que el enemigo nos ataque.

Un tema difícil, pero necesario

A pesar de esa advertencia, sospecho que usted querrá pasar por alto este capítulo y continuar con el siguiente. Casi puedo oír la protesta. "Aquí va otro predicador pidiendo dinero. Esta vez lo está respaldando con una advertencia de opresión espiritual". Usted hasta podría sospechar que estoy incluyendo este capítulo solamente para poder obtener más dinero para mi iglesia.

Le aseguro que eso no es cierto.

Enseño acerca de la necesidad de darle a Dios porque es un principio que se encuentra a lo largo de la Biblia. Les presento el tema con gran reverencia ante Dios y, espero, con mucha sensibilidad hacia usted. De hecho, si todavía está protestando audiblemente por este tema, aquí hay tres cosas que me gustaría que supiera.

Primero, durante la mayor parte de mi ministerio he dudado en abordar el tema del dinero. De hecho, había sido predicador durante varios años antes de predicar un sermón acerca de dar. Para ese entonces, había predicado sobre casi cualquier otro tema bíblico: matrimonio, oración, perdón, gracia, lo que usted se pueda imaginar; pero nunca quise ser visto como un aprovechado. Luego, después de diez años, finalmente me di cuenta que le estaba haciendo daño a la gente al desatender este tema importante. Necesitaba predicar sobre todo lo que la Escritura aborda, y la Escritura, en realidad, dice mucho acerca del dinero. Esa es la razón por la que estoy trayendo ese tema a colación.

Segundo, algunos pastores predican acerca de dar cada vez que se paran ante un micrófono. Sin embargo, en Gateway Church abordo el tema solamente cada dos o tres años porque sé cuán sensible puede ser la gente acerca del dinero. Aunque he llegado a creer que dar es importante, no es tan importante como el tema principal en el que nos enfocamos en nuestra iglesia: la gloria de Dios en el evangelio. Yo siempre quiero que el ministerio reconciliatorio de Jesucristo tenga preeminencia.

Tercero, en Gateway, tengo tanto cuidado de mencionar este tema que ni siquiera pasamos un plato para la ofrenda durante nuestros servicios. En lugar de eso, tenemos cajas cerca de las puertas de entrada, donde la gente puede depositar las ofrendas. Ahora bien, las estadísticas del crecimiento de la iglesia le dirán que si usted está tratando de generar el máximo de ofrendas que pueda de una congregación, las cajas para depositar ofrendas no son el camino a seguir. Es muy fácil obviarlas o pasarlas por alto. Sin embargo, yo utilizo deliberadamente las cajas de la ofrenda porque quiero que todas las ofrendas en Gateway sean motivadas por el amor a Dios y entregadas libremente desde el corazón, no motivadas por el paso de un plato o bajo coacción (2 Corintios 9:7, NVI)[1].

Y ¿sabe qué? Por la gracia de Dios nunca hemos sufrido de escasez financiera en Gateway. Solamente el año pasado, la gente de nuestra iglesia dio al Señor tan abundantemente que cada mes donamos más de un millón de dólares a las misiones.

Dios, el amor y el dinero

Veamos nuevamente las distinciones que mencioné al principio del capítulo. Tenemos que hacer un cambio fundamental en nuestra mente si vamos a comprender este tema de la manera correcta.

Una vez más, las iglesias no *reciben* ofrendas. Sino, los cristianos libremente las *dan* y las *traen* ante Dios.

Todo esto puede parecer simple semántica, pero no lo es. Nuestro dinero ya es de Dios (1 Corintios 10:26). Cuando le traemos a nuestro dinero, Él "*ni se deja servir por manos humanas, como si necesitara de algo. Por el contrario, él es quien da a todos la vida, el aliento y todas las cosas*" (Hechos 17:25, NVI). Así que como Dios ya es dueño de todo, solamente hay dos cosas que podemos hacer con nuestro dinero, según la Biblia: ya sea que traigamos nuestros diezmos y ofrendas a la casa de Dios o que le robemos a Dios lo que le pertenece.

Piénselo de esta forma. Imagine que va a salir de la ciudad la próxima semana. Le informa a su vecino de su viaje y él dice: "Oye, eso es muy oportuno. Necesito reparar mi carro y el taller a donde me gusta llevarlo no tiene el servicio de prestar carros mientras el de uno está en reparación. ¿Te importaría prestarme tu camioneta mientras estás de viaje? Yo puedo llevarte al aeropuerto".

Es una petición razonable. Su vecino es buena persona. Usted maneja una camioneta que es fuerte y confiable. De manera que usted dice: "Bueno, claro que te puedo prestar mi camioneta".

Llega el día del viaje. Su vecino lo lleva al aeropuerto en su camioneta y le desea buen viaje. Al final de la semana, va a buscarlo al aeropuerto en la camioneta que usted le prestó, él le devuelve las llaves y dice: "Oye, he estado pensando mientras estabas de viaje y, ya que soy muy generoso, he decidido que no voy a quedarme con esta camioneta. Quisiera que me aceptaras esta camioneta. Tómala. Es toda tuya".

¿Qué haría usted? Probablemente pensaría que su vecino solamente bromeaba, o tal vez, se preguntaría si andaba un poco mal de la cabeza. Definitivamente, querría aclarar que solamente le está *devolviendo* la camioneta que usted le prestó. Él no le está haciendo ningún favor. La camioneta le pertenece a usted.

Sin embargo, esta misma dinámica ocurre con demasiada frecuencia entre nosotros y Dios. Es posible que no lo digamos audiblemente, pero nuestra actitud básica es: "Dios, debido a que yo soy tan generoso, me gustaría depositar este efectivo en el plato de la ofrenda esta semana. Aquí te va. Disfrútalo".

Lo siento. No es así como funciona.

No podemos dar lo que no nos pertenece. Para empezar, ese ya era dinero de Dios; Él nos lo prestó. Cuando llevamos nuestras ofrendas, todo lo que estamos haciendo es devolver a Dios lo que Él tan generosamente nos permitió usar.

Es imperativo que comprendamos este principio básico: todo lo que tenemos pertenece a Dios. Una vez lo hayamos hecho, estaremos en la capacidad de hacer la siguiente pregunta importante: Si Dios realmente es dueño de todo, entonces ¿por qué le dice a la gente en la Escritura que le lleve ofrendas a Él?

Lo milagroso aquí es que cuando dejamos que la Escritura nos responda esta pregunta, podemos ver de nuevo cuánto nos ama Dios. Hasta el dinero que le llevamos a Él está unido a Su gran amor por nosotros.

¿Por qué dar?

La respuesta más sencilla, la más elemental es que Dios lo dijo. Desde los primeros días de Su pacto con Israel, los hijos de Dios han sido instruidos para separar una porción de sus bendiciones, llamada diezmo, para hacer la obra de Dios.

Menciono este punto anticipadamente porque sé que algunos maestros de Biblia están en desacuerdo conmigo acerca de lo que la Escritura dice acerca de dar. Me acusan de aplicar mal los versículos del Antiguo Testamento a situaciones del Nuevo Testamento, e insisten que la palabra *diezmo* ni siquiera se menciona en el Nuevo Testamento.

Está bien. La crítica no me molesta en lo personal, y yo sé que un día me encontraré con estos hermanos en el cielo y entonces haremos las paces sobre el tema.

La palabra *diezmo*, si usted acaba de llegar a la iglesia, sencillamente significa un décimo. En el Antiguo Testamento, el pueblo de Dios fue instruido repetidamente para devolver una décima parte de su ingreso al Señor. Levítico 27:30 declara: *"El diezmo de todo producto del campo, ya sea grano de los sembrados o fruto de los árboles, pertenece al Señor"*.

En el *Nuevo* Testamento, la palabra *diezmo* aparece *ocho veces,* (no sé cómo los eruditos pueden pasar eso por alto, ¡pero aparentemente lo hacen!). Además, el Nuevo Testamento está lleno de otras referencias sobre la importancia de dar. Aquí incluyo solo unas pocas.

- A lo largo de los Evangelios, Jesús repetidamente le mostró a la gente que Dios es su proveedor y que ellos no tenían que preocuparse acerca de los bienes materiales, (por ejemplo, vea: Mateo 6:24–34 y Lucas 21:1–4).

- En 1 Corintios 16:1–2, se ve a la iglesia primitiva levantando fondos en sus servicios de adoración con regularidad. Pablo trató este aporte como si fuera reglamentario, como debería ser.
- En 2 Corintios 9:7, se instruye a todo creyente a dar con alegría.
- En Gálatas 6:6, a aquellos, a quienes se les enseña la Palabra, se les instruye compartir *"en todo lo bueno"* con aquellos que enseñan.
- En Efesios 4:28, a los creyentes se les enseña a dar a aquellos que estén en necesidad.
- En 1 Timoteo 5:17–18, se instruye a la Iglesia a sostener financieramente a sus ministros.

Los motivos correctos

Por supuesto, existen otras razones para dar, pero necesitamos tener cuidado al considerarlas. Si decimos: "Demos porque estamos destinados a recibir una recompensa aún más grande a cambio", entonces estamos equivocados. Demasiados maestros de Biblia lideran con esta enseñanza. Ellos insisten en que si damos a Dios, entonces *recibiremos* de Dios, y en gran manera. "Usted nunca puede ganarle a Dios en dar", dicen, y eso es cierto en un sentido, pero también puede ser distorsionado para hacer que diezmar suene como una estrategia para hacerse rico rápidamente.

El problema es que si damos solamente para recibir, nuestra motivación para dar se sesga. Nosotros damos a Dios solamente con la esperanza de que Dios aumente nuestras cuentas bancarias. Eso no es más que avaricia y puede llevarnos a la desilusión y la frustración.

Santiago 4:3 se concentra en este tema desde un ángulo diferente: "*Y cuando piden, no reciben porque piden con malas intenciones, para satisfacer sus propias pasiones*" (NVI). En otras palabras, siempre debemos interactuar con Dios con las intenciones correctas si queremos complacerlo a Él.

Los motivos importan porque dar es realmente una intención del corazón. El corazón es siempre lo que a Dios le importa. Si queremos complacerlo a Él y funcionar de acuerdo con los principios de Su reino, tenemos que ofrecer nuestros diezmos con la intención correcta.

Pero, ¿cuál es la intención correcta para dar? Damos porque queremos honrar a Dios. Se nos invita a llevarle una porción de lo que Él nos ha dado de manera que podamos ser parte de Sus planes maravillosos para el reino.

Nuestra recompensa por dar solamente sucede porque le hemos permitido a Dios obrar en nuestros corazones en el área de dar, no en el área de recibir. En la economía de Dios, lo que siempre importa es el dar; dar, dar, dar. No recibir. Dios nos invita a dar porque dar es bueno para nosotros. Cualquier incremento que recibamos es solamente un subproducto del dar.

Piénselo desde un punto de vista paternal. ¿Alguna vez ha visto a un niño en la época de Navidad? Seguro, es una temporada de esplendor y deleite, de diversión y maravilla. Sin embargo, casi siempre hay un despliegue de su codicia también. Los niños están dispuestos a crear un enorme listado de deseos, a hacer un recuento de los regalos bajo el árbol y abrir los regalos la mañana de Navidad.

Esperamos esto de los niños porque son inmaduros. Sin embargo, si nuestros hijos son adultos en sus 20s, 30s o 40s, y todavía siguen haciendo eso, entonces tenemos un problema. Para entonces, esperamos que ellos hayan crecido y aprendido a ser menos egoístas. Nos entusiasmamos cuando disfrutan bendecir a otros. Y nos deleitamos en ver que han crecido para convertirse en dadores alegres y dispuestos.

Esta madurez es a la que Dios nos llama también. Él nos instruye y da forma para que lleguemos a ser dadores alegres, generosos, desinteresados, fieles. El apóstol Pablo describió cómo se ve la madurez cuando damos en 2 Corintios 9:6–8:

> *El que siembra escasamente, escasamente también segará; y el que siembra abundantemente, abundantemente también segará. Que cada uno dé como propuso en su corazón, no de mala gana ni por obligación, porque*

Dios ama al dador alegre. Y Dios puede hacer que toda gracia abunde para vosotros, a fin de que teniendo siempre todo lo suficiente en todas las cosas, abundéis para toda buena obra.

Es un hermoso cuadro, ¿verdad? Pero para la mayoría de nosotros, el tema del dinero y los bienes materiales está estrechamente entretejido con los temas de la confianza, autoestima, prioridades y el pecado; esa es la razón por la que, algunas veces, tropezamos en esta área importante de la madurez cristiana. Como mencioné al principio de este capítulo, la confusión o la desobediencia en devolver a Dios lo que ya era Suyo puede abrir la puerta para la opresión espiritual.

Veamos un par de maneras en la que puede suceder esto y qué podría hacerse si sucediera.

Punto de tropiezo #1: Incredulidad

En el tercer capítulo de Malaquías, en medio de un pasaje que discute el tema de dar, Dios habla:

Desde los días de vuestros padres os habéis apartado de mis estatutos y no los habéis guardado. (Versículo 7)

La palabra *estatutos* significa reglamento y ordenanza que gobierna la vida diaria. Por ejemplo, una ciudad en la actualidad podría tener un estatuto que prohíbe tirar basura. El diezmo era uno de los estatutos de Dios; una parte esperada del diario vivir de los israelitas. Era normal para el pueblo de Dios aprender a devolver lo que le pertenece a Dios.

Repita: el diezmo pertenece a Dios. Eso es normal. Punto. En el caso particular de Malaquías 3, los israelitas se habían apartado de esta práctica y Dios los estaba reprendiendo por ello.

Dios continuó explicando cómo ellos le habían robado a Él en realidad al no llevarle el diezmo completo (versículo 8). Por esta razón, ellos estaban "bajo maldición" (versículo 9, NVI). Esta maldición espiritual también se detallaba para ellos en lo físico.

El pueblo de Dios carecía de alimento (versículo 10), y sus cosechas estaban siendo destruidas (versículo 11).

Esa es la mala noticia, pero aquí están las buenas noticias también. Dios, además, ofreció una solución para sus corazones incrédulos. Él los desafió a "ponerlo a prueba" a Él en el área del dar. Si ellos traían el diezmo completo, entonces Él dijo:

> "*Os abriré las ventanas del cielo, y derramaré para vosotros bendición hasta que sobreabunde*".
>
> —Versículo 10

Me maravilla cuánta gente hoy día trata de pasar por alto esta Escritura o de explicarla insistiendo que este pasaje ya no tiene relevancia. Sí, Dios está dirigiéndose específicamente al pueblo de Israel en este pasaje. Aun así, en el mismo capítulo de Malaquías, Dios dijo: "*porque yo, el Señor, no cambio*" (versículo 6). El principio de honrar a Dios con nuestro dinero no tiene relación con el tiempo.

La gran pregunta con la que los israelitas estaban luchando en este pasaje era la incredulidad. ¿Creían que Dios los bendeciría si daban? ¿Creían que todavía tendrían lo suficiente para ellos mismos?

Cuán parecidos a nosotros hoy día. ¿Alguna vez se ha encontrado a sí mismo luchando con preguntas como esa? Es importante resolverlas porque tienen implicaciones espirituales poderosas.

En el siguiente versículo Dios hizo una promesa:

> *Por vosotros reprenderé al devorador, para que no os destruya los frutos del suelo. (Versículo 11)*

Un tiempo atrás, leí un pie de página en cierta versión bíblica que especulaba que el "devorador" era probablemente algún tipo de plaga natural que había llegado al país. Equivocado. (Por cierto, los comentarios al pie en las biblias no están inspirados por el Señor; los pie de página son solamente las opiniones de los expertos).

En este pasaje, "el devorador" es en realidad una referencia a la opresión espiritual. Dios estaba diciendo: "Si ustedes creen en Mí y me honran dando tal como les ordené, cerraré la puerta al ataque de Satanás en su vida de manera que puedan florecer y ser prósperos".

El principio de honrar a Dios con nuestras finanzas es un principio eterno que va a todo lo largo de la Palabra de Dios, desde Génesis hasta Apocalipsis. Dios quiere que aprendamos a dar y a dar con alegría, no bajo impulso o bajo la ley (Romanos 6:14), sino como un tema de fe; honrando a Dios con el dinero que Él nos ha confiado porque creemos en Él y queremos ser parte de lo que Él está haciendo.

Si decidimos hacer eso; si cerramos toda puerta en nuestra vida, pero no honramos los principios de Dios al dar, entonces hemos dejado una puerta abierta al enemigo. No estamos confiando en Dios como nuestro Proveedor. Nuestras actitudes tacañas son síntomas de incredulidad y esto, a cambio, nos hace vulnerables al ataque.

Punto de tropiezo #2: Temor

Una y otra vez me encuentro con dos tipos de personas. El primer grupo diezma. El segundo grupo no lo hace. Cada diezmador con el que hablo me ha dado un testimonio similar. Cada no diezmador con el que hablo también me da un testimonio similar: uno que es muy diferente de aquellos que sí diezman. De manera interesante, ambos grupos están compuestos por personas de todo tipo de trasfondo socioeconómico. No es la categoría de mayor ingreso la que diezma y la categoría de menor ingreso la que no. Siempre hay gente de cada parte del espectro económico en cada grupo.

Sin excepción, los diezmadores dicen: "Estoy bendecido", o "Dios me ha bendecido".

Sin excepción, los no diezmadores dicen: "Diezmar está fuera de mis posibilidades", o "No tengo suficiente dinero para diezmar".

¿Qué está sucediendo aquí?

Es el principio de las primicias en acción: el principio de que de todo lo que recibamos, tenemos que devolverle la primera parte a Dios.

Proverbios 3:9–10 dice:

> *Honra al Señor con tus bienes*
> *y con las primicias de todos tus frutos;*
> *entonces tus graneros se llenarán con abundancia*
> *y tus lagares rebosarán de mosto.*[2]

La palabra *honra* es clave en este versículo. Somos instruidos a honrar al Señor con nuestros bienes. En otro lugar en la Biblia, la palabra *honor* está ampliamente explicada. Dios, en 1 Samuel 2:30 dijo: *"porque yo honraré a los que me honran"*. Jesús repitió este principio en Juan 12:26: *"si alguno me sirve, el Padre lo honrará"*.

Si no nos aferramos a este principio bíblico, entonces estamos viviendo en temor. Básicamente estamos diciéndole a Dios: "Temo que si Te doy a Ti, no me quedará suficiente para mí. Lo siento, pero no puedo honrarte con mis bienes".

Piénselo. En la Biblia hay más de 500 versículos que tratan sobre la oración y casi la misma cantidad que tratan con la fe. Eso suena como un montón, pero ¿sabía usted que hay más de *2,000* versículos sobre el tema del dinero y los bienes? Jesús habló acerca del dinero en 16 de Sus 38 parábolas.

Claramente, necesitamos comprender de qué se trata el dinero y cómo administrarlo, porque la manera en que usamos nuestro dinero revela la condición de nuestro corazón. Ponemos el dinero en lo que valoramos más. El dinero es, en realidad, una prueba de Dios.

¿Una prueba? Efectivamente.

Recuerde que *diezmo* significa una décima o el 10 por ciento de nuestro ingreso. Ahora bien, algunos podrían pensar que esto es una coincidencia, pero yo no: el número diez se usa a lo largo de la Escritura para indicar prueba. Hágase estas preguntas.

¿Cuántas veces probó Dios el corazón de Faraón con plagas? (Éxodo 7:14–12:30)

Diez.

¿Cuántos mandamientos principales le dio Dios al pueblo de Israel por medio de Moisés (Éxodo 20:1–17)?

Diez.

¿Cuántas veces probaron los israelitas a Dios cuando estaban en el desierto (Números 14:20–25)?

Diez.

¿Cuántas veces le cambiaron el salario a Jacob (Génesis 31:7)?

Diez.

¿Cuántos días fueron probados Daniel y sus amigos (Daniel 1:12–14)?

Diez.

¿Cuántas vírgenes fueron probadas en Mateo 25:1–13?

Diez.

¿Cuántos días de prueba se mencionan en Apocalipsis 2:10?

Diez.

¿A cuántos discípulos llamó Jesús?

Doce. (Yo solo le estaba probando para ver si todavía estaba conmigo).

Cuando nos pagan o recibimos dinero, Dios nos está probando. La prueba es para ver a quién vamos a honrar. ¿A quién vamos a agradecer? ¿A quién vamos a señalar y a adorar como el Dador de toda buena dádiva?

¿Creeremos que el 90 por ciento con la bendición financiera de Dios en realidad alcanzará más que el 100 por ciento sin Su bendición? Eso es parte de la prueba. Dios quiere recordarnos que podemos vivir por fe o por temor. ¿Cuál preferiría usted?

La secuencia es importante. Somos llamados a dar nuestras primicias antes de saber si tenemos suficiente con qué vivir. Somos llamados a darle a Dios primero porque somos llamados a vivir por fe. Y, tal como testificaría mi grupo de fieles diezmadores, Dios siempre se manifiesta. Cuando damos de esta manera, siempre vemos las bendiciones de Dios.

Aventuras en finanzas sin temor

Recibo mi salario de la iglesia el día 15 y el último día del mes, ya sea el 30 ó 31. Mi cheque es depositado automáticamente en mi cuenta. De manera que esto es lo que yo hago. Ese día en la mañana, mientras estoy en mi devocional, me conecto en línea y envío mi diezmo a la iglesia. Mi diezmo es la primera parte del dinero que sale de mi cuenta después de que entra mi salario. Debbie y yo hemos decidido dar el 20 por ciento. No menciono esto para presumir; es solamente algo que Dios nos ha llamado a hacer desde 1984. Adicionalmente a eso, damos a varios ministerios, pero el primer 20 por ciento siempre va directamente a la iglesia local como una forma de honrar a Dios con nuestras finanzas.

Algunos fruncirán el ceño en este punto y dirán: "Sí, pastor Robert, pero usted no tiene preocupaciones financieras. Tiene un trabajo estable. ¿Qué hay de los que no?"

No importa si usted gana el salario mínimo o es un multimillonario. Dios siempre nos llama a confiar en que Él proveerá. No siempre he tenido un trabajo estable. Mencioné que 1984 fue un año significativo para Debbie y para mí, el año en que empezamos a confiar en Dios a un nivel diferente. En esos días, trabajaba como evangelista ambulante y el dinero era muy escaso para nosotros. En ese entonces no teníamos un pago consistente. Íbamos a cualquier lugar a donde me llamaran para predicar, y la gente nos daba una ofrenda. Podíamos recibir $800 dólares un mes y $200 el siguiente. Nunca supimos con seguridad cuánto sería.

Afortunadamente ya diezmábamos. Habíamos estado diezmando durante varios años en nuestro matrimonio y Dios nos había recalcado que nunca nos íbamos a preocupar por el dinero; aun sin un salario consistente, siempre habría dinero.

Un día, íbamos en nuestra desvencijada camioneta y paramos en una gasolinera. Estábamos en medio de Oklahoma, no recuerdo el nombre del pueblo. Sin embargo, recuerdo muy claramente lo que sucedió en esa gasolinera. Llené nuestro tanque y fui a pagar. La mujer tras el mostrador dijo: "No hay cargo. Ya fue pagado".

"¿Disculpe?" le dije. Yo no entendía muy bien lo que ella estaba diciendo.

"Su gasolina ya fue pagada", dijo ella. "Cuando usted se estacionó, Dios me dijo que usted era un evangelista y que yo debía pagar por su gasolina. Yo obedecí a Dios. Usted no debe nada".

Otro día, en el mismo año, prediqué en una iglesia y ellos me dieron una cantidad de dinero particularmente grande en agradecimiento. Este cheque cubriría todos nuestros gastos del mes. Pero mientras me quedé allí sosteniendo el cheque, sentí la impresión diferente de que tenía que endosar el cheque completo a favor de un misionero que había hablado en la misma iglesia antes que yo. Luché en oración por unos momentos, luego decidí obedecer a Dios. No le conté a nadie acerca de mi decisión. De hecho, endosé el cheque en secreto y se lo di al misionero con la instrucción específica de no decírselo a nadie. No estaba seguro de cómo Debbie y yo íbamos a pagar nuestras cuentas ese mes, pero tampoco estaba preocupado. Dios proveería.

Más tarde, esa misma noche, un grupo de miembros de la iglesia nos llevó a comer a una pizzería cercana. Uno de los miembros me llevó aparte y me pidió que le dijera cuánto exactamente era el dinero que había recibido como regalo esa noche. La pregunta me sacudió un poco, y al principio traté de no decirle, pero al final sí se lo dije. Recuerdo sus palabras con exactitud: "Dios está por enseñarte acerca de dar para que puedas enseñar al cuerpo de Cristo". Me entregó un cheque doblado. Ya estaba hecho, y era por diez veces la cantidad, al centavo, del cheque que yo acababa de dar.

Unas semanas después de eso, prediqué en una célula de estudio bíblico, donde una pareja estaba a punto de irse como misioneros a otro país. Mientras orábamos por ellos, recibí la clara impresión de que ellos todavía necesitaban $800 dólares. Que yo supiera, ellos nunca revelaron esa cantidad ni a mí ni a nadie del grupo, pero la cantidad de $800 dólares estaba clara en mi mente. Debido a la gran suma que acababa de recibir del hombre en la pizzería, escribí un cheque por la cantidad completa de $800 dólares y se la di a los misioneros. Grandes sonrisas aparecieron en sus rostros. Era la cantidad precisa que todavía necesitaban.

No mucho después de eso, fui a almorzar con un hombre que acababa de comprar una camioneta completamente nueva. Valía más de $25,000 dólares, y cuando terminó el almuerzo, él me dio las llaves diciendo que era un regalo para Debbie y para mí.

No lo podía creer. Ahora teníamos dos carros, y aunque definitivamente necesitábamos un segundo carro, algo no se sentía bien acerca de quedarnos con ambos vehículos. Nuestra camioneta tenía alto kilometraje, aun así era confiable, y todavía podía servir por mucho tiempo más. Debbie y yo oramos acerca del tema y creímos que el Señor nos estaba dando la instrucción de dar nuestro segundo carro. Así que dimos nuestra camioneta a una familia que necesitaba un vehículo.

Justo después de eso, alguien nos dio un segundo carro diferente. Estábamos felices. Otra vez, teníamos un segundo carro. Luego oramos por eso y sentimos que Dios nos estaba pidiendo que lo regaláramos también. De manera que lo hicimos.

No mucho después, alguien nos dio otro carro.

También regalamos ese.

Recibimos otro más, a cambio.

Regalamos ese y recibimos otro más.

Durante un periodo de 18 meses, esto sucedió ¡nueve veces!

Finalmente, con uno de los vehículos sentimos la fuerte impresión que Dios nos estaba diciendo que no lo regaláramos. Él quería que lo vendiéramos. De hecho, en oración, creímos que se suponía que debíamos venderlo por un precio específico: $12,000 dólares.

No le contamos a nadie acerca de la decisión de vender el vehículo o cuánto pedíamos por el carro. Sin embargo, el siguiente fin de semana en la iglesia, un hombre se nos acercó y, de la nada, nos preguntó si queríamos vender el vehículo. Dijimos que sí, e inmediatamente nos ofreció $12,000 dólares.

Lo aceptamos y pusimos el dinero en el banco, no estábamos seguros de qué hacer con él. Poco después, Debbie y yo fuimos en un viaje misionero a Costa Rica. Un misionero nos recibió y nos estuvo llevando a todas partes en una camioneta vieja. En cierto momento, le pregunté si estaba buscando un nuevo vehículo.

"La semana pasada pasé por una venta de vehículos", me dijo, "y el Señor me dijo que me detuviera. El Señor me señaló una camioneta y dijo: *Esta camioneta será tuya. Ora por ella.* Así lo hice, pero todavía no ha pasado nada. No tengo el dinero para comprarla. Estoy confiando en que el Señor proveerá. ¿Por qué la pregunta?"

"¿Cuánto quieren por la camioneta?" pregunté.

"Es usada", dijo. "Ellos quieren $12,000 dólares por ella".

Le hice un cheque.

Debbie y yo tenemos muchas historias como esa de tiempos cuando creíamos que el Señor nos decía que regaláramos algo; a veces era dinero en efectivo, otras, un bien material específico. Una vez aprendimos a no tener miedo, se volvió divertido. Dios siempre ha provisto para nosotros, siempre más abundantemente que lo que hayamos regalado.

Esperanza cuando somos tentados a dudar de Dios

Dar es bueno para nosotros. Dar honra a Dios, y Dios promete honrarnos cuando lo honramos a Él.

En contraste, no dar es problemático para nosotros. Si no creemos que Dios proveerá o si tenemos temor de probarlo a Él en esto, entonces el temor o la falta de confianza pueden abrir puertas a la influencia del enemigo.

Esa es la manera en que Satanás opera. Justo desde el inicio de los tiempos, ha tratado de convencer a hombres y a mujeres a dudar de la Palabra de Dios. Dios le dio a Adán y a Eva permiso para comer el fruto de todo árbol en el huerto del Edén, excepto de uno. Este árbol en particular, se llamaba: "el árbol del conocimiento del bien y del mal". Dios les dijo a Adán y a Eva, *"el día que de él comas, ciertamente morirás"* (Génesis 2:17).

¿Dijo Dios eso debido a que el fruto de ese árbol era venenoso?

No. Todo lo que Dios había creado era bueno (Génesis 1:31). Más bien, Dios les dio a Adán y a Eva el mandato como una prueba. Él tenía reservado ese único árbol de entre todos los otros en el huerto para Sí mismo solamente. Solo ese único árbol no era para Adán y Eva. Pero ¿podría Él confiar en que obedecerían Su palabra? Y ¿podían confiar en que Él los bendeciría y cuidaría de ellos?

Sin embargo, Satanás contradijo directamente lo que Dios había dicho y Adán y Eva perdieron la prueba. El patrón de desconfiar de Dios fue establecido.

Eso es lo que Satanás quiere que nos pase hoy día. Él quiere que dudemos de Dios.

Cuando la serpiente se acercó a Eva en el huerto del Edén, él básicamente dijo: "¿En realidad Dios dijo lo que ustedes creen que dijo? Deben haber oído mal. Seguro que pueden comer del fruto de *todos* los árboles. Después de todo, todo lo que Dios les ha dado les pertenece".

Permítame preguntarle esto: ¿Por qué deseaba Eva el fruto del único árbol del que no podía comer? Había muchos otros árboles hermosos en el huerto del Edén. Con seguridad, ella no estaba pasando hambre. El huerto era un ambiente perfecto para la humanidad. Dios había provisto totalmente para ella.

Génesis 2:9 nos da la pista del por qué: *"Y el Señor Dios hizo brotar de la tierra todo árbol agradable a la vista y bueno para comer; asimismo, en medio del huerto, el árbol de la vida y el árbol del conocimiento del bien y del mal"*.

Todos los árboles en el huerto eran agradables a la vista. Todos ellos, hasta el que estaba prohibido. Eva tenía todo lo que necesitaba. Ella, sencillamente, quería más. Su pecado fue la codicia.

Dios me está reteniendo algo, pensó ella. *Él nos dijo que no podíamos tenerlo todo; pero yo lo quiero todo.* Eva quería más y más cosas bonitas, y está bien que la gente quiera cosas bonitas. Pero lo bonito debe venir de la bendición de Dios, no de robarle a Dios. Dios nos bendice cuando creemos en Su Palabra. Dios nos bendice cuando vivimos por fe. Cuando Él nos dice que hagamos algo y lo hacemos, entonces somos bendecidos. Sin embargo, Adán y Eva tomaron lo que pertenecía a Dios.

¿Puede ver la conexión entre Adán y Eva y nuestra vida hoy día? Dios nos da una prueba similar. Él nos invita a confiar en Él en el área del dar. Si lo hacemos, Él recibe honra, y la bendición es nuestra. Así de sencillo.

Oremos juntos.

Señor Dios, queremos creer lo que dices en Tu Palabra. Nos invitas a confiar en Ti, a dar generosamente y a bendecir a otros por medio del dar. Todo lo que tenemos te pertenece de todas maneras. Perdónanos por nuestra incredulidad, nuestro temor y nuestra codicia. En el nombre de Jesucristo, quita toda opresión espiritual que podamos estar experimentando debido a estos pecados. No queremos darle al devorador ninguna puerta abierta en nuestra vida. Desde hoy en adelante, escogemos ser dadores alegres y dar de todo corazón. Damos porque Te honramos a Ti. Eres Señor sobre nuestra vida. Tú cuidas profundamente de nosotros. Desde este momento, por favor danos Tu paz en el área del dar. Pedimos esto en el poderoso nombre de Jesucristo, Dios todopoderoso, amén.

Un hombre mayor me dijo una vez que él nunca había diezmado, pero que quería empezar. Preguntó si debía calcular su deuda de todos los años y tratar de pagársela al Señor. Yo creo que mucha gente se pregunta acerca de lo mismo. Le voy a decir lo que le dije a él ese día: Yo dije, no. Jesús lo pagó todo por usted; eso es lo maravilloso de la gracia de Dios en nuestra vida. Jesús hizo borrón y cuenta nueva. Solamente reaccione a Su gracia. Arrepiéntase y empiece de nuevo hoy, cerrando esta puerta y haciendo lo que es correcto.

Hasta aquí, hemos logrado un progreso fuerte en este estudio. Espero que hayamos podido revelar, y luego cerrar, algunas de las puertas abiertas a la opresión espiritual. Pero no hemos terminado todavía. El siguiente capítulo cubre una de las puertas más grandes a través de la cual Satanás puede entrar en nuestra vida. De hecho, este problema es tan predominante hoy día que consideré poner este próximo capítulo al principio del libro. Me detuve porque estaba preocupado de que podría desviar la atención del resto del libro. Sin embargo, sí necesitamos abordar el tema porque dejar esta puerta abierta puede causarnos un gran problema.

Mientras tanto, anímese. Hay un gran problema adelante, ¡pero también hay esperanza!

Preguntas para meditar o discutir en grupo

1. ¿Cómo aprendió a diezmar? Durante los últimos años, ¿ha tenido una perspectiva positiva o negativa sobre ello?

2. Lea Génesis 3:1–6. Eva pensó que algo, aparte de lo que Dios le había dado, la habría hecho feliz. ¿Cómo se parece esto a nuestra propia manera de pensar? ¿Cuáles son algunas formas en que nosotros queremos "más", aun si somos abundantemente bendecidos?

3. ¿Cómo diezmar cierra la puerta a la codicia, incredulidad y el temor?

4. Lea Malaquías 3:6–12. Ese pasaje contiene una confrontación y una promesa. ¿Qué es lo que nos dice acerca del carácter de Dios y su sentir por nosotros?

5. ¿Tiene alguna historia acerca de cómo el diezmar cambió su vida o la vida de alguien más? Compártala con el grupo o escríbala en un diario.

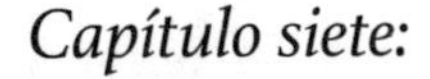

Capítulo siete:

ROMPER LA TRAMPA DE LA LUJURIA

Antes bien, vestíos del Señor Jesucristo, y no penséis en proveer para las lujurias de la carne.

—Romanos 13:14

La tentación por el deseo carnal es enorme hoy día.

Tal como lo mencioné antes en este libro, he tenido problemas con eso. Al principio de mi ministerio llegó un momento cuando me di cuenta que tenía una atadura en esta área. Sí, yo era cristiano cuando eso sucedió, aun en el ministerio. Predicaba sermones, oraba por la gente y aconsejaba a la gente con la Palabra de Dios. Con regularidad guiaba a la gente a la salvación en Jesucristo. Sin embargo, todavía tenía este problema, y no le decía a nadie debido al temor y la vergüenza.

Mi problema llegó a su punto máximo cuando tenía 30 años. Entraba y salía de la lucha contra la tentación de la pornografía y la inmoralidad sexual desde que tenía 12 años. Sobre todo, trataba de resistir este problema con mi fuerza de voluntad; sin embargo nunca parecía ayudar mucho, y mis buenas intenciones raramente duraban. Cuando me volví un creyente a los 19 años de edad, tenía la esperanza que mis problemas con la lujuria desaparecieran. No fue así. Más de una década después, continuaba luchando con esta misma dificultad, seguía tratando de combatir ese pecado solamente con mi fuerza de voluntad, y estaba perdiendo terriblemente.

Un fin de semana, tres pastores estábamos programados para predicar en una conferencia. El viernes por la noche, prediqué mi sesión; luego regresé a mi habitación del hotel. Había más sesiones programadas para el sábado en la mañana, sábado en la noche y domingo en la mañana. Estaba cansado y aun así no podía dormir; así que encendí el televisor y empecé a navegar por los canales. Un pequeño vistazo a un fragmento de material obsceno me llevó a un segundo y más largo vistazo, y pronto estaba deleitándome en algo que no tenía por qué estar viendo. Volví a mi pecado como un perro regresa a su vómito (Proverbios 26:11).

La mañana siguiente llamé a mi esposa por teléfono y le confesé la carnalidad de la noche anterior. Yo quería ser honesto con Debbie y con la gente que me rodeaba a quienes podía rendirles cuentas. Ahora bien, rendir cuentas es algo muy bueno en términos generales, e invito a cualquiera que esté luchando con este mismo problema a rendirle cuentas a otro creyente confiable. Sin embargo, el rendir cuentas como un principio general, no me libró en este caso. Continué la conferencia, y todo el tiempo tenía un malestar en el estómago. Todavía estaba en atadura. Necesitaba ser libertado.

El domingo en la mañana, me senté en el auditórium principal y me preguntaba qué hacer. Uno de los otros pastores predicó, y fue como si una luz brillante se hubiera encendido. Él predicó acerca de la realidad de los creyentes que estaban en esclavitud, y su mensaje parecía estar hecho a mi medida. A medida que el mensaje progresaba, yo seguía pensando: *¡Ese soy yo! ¡Ese soy yo! ¡Ese soy yo!*

Al final, hizo una invitación diciendo: "Dios quiere libertarle hoy, pero necesita humillarse a sí mismo". El predicador invitó a la gente a pasar al frente para oración y liberación. Yo estaba sentado en la fila de enfrente, y al principio sentí una punzada de orgullo momentánea. ¿Qué pensará la demás gente si un pastor pasara al frente? Pero el Espíritu Santo estaba hablándome directamente al corazón, diciendo: *Esto es, Robert. Esto es para ti.* Ese era todo el ánimo que necesitaba. Fui el primero que se puso de pie al frente del salón, orando por liberación. Por eso quiero que sepa que estoy escribiendo este capítulo desde la posición de una persona que comprende cómo es estar esclavizado.

Esta es la buena noticia. Jesús me libró, y Él puede librarle a usted también.

El espíritu de lujuria, sin duda, ha destruido la vida de más personas que ningún otro espíritu, pero eso no tiene que suceder.

Este es un tema tan grande que quiero tomar dos capítulos para cubrirlo. En este capítulo daré más bien una visión general. Luego, en el capítulo siguiente, hablaré acerca de una de las luchas específicas que van de la mano con la lujuria: la batalla por nuestra persistencia del pensamiento.

Quédese conmigo. Vienen buenas cosas.

Un manual básico para vivir sabiamente

Hace unos tres mil años, el rey Salomón atestiguó un molesto incidente en su ciudad. Por medio de la inspiración del Espíritu Santo, lo escribió como una advertencia a los demás para evitar situaciones similares. El séptimo capítulo de Proverbios ofrece un vistazo poderoso en cómo opera el espíritu de lujuria y la advertencia de Salomón puede ser altamente útil para nuestro beneficio y aprendizaje en la actualidad. Veamos el capítulo a profundidad.

Salomón empezó exhortando a sus oyentes a vivir una vida sabia y prudente. En la actualidad, este también necesita ser nuestro objetivo como creyentes. Vivir sabiamente es raramente promocionado en la cultura popular; sin embargo, la Biblia no ha cambiado su exhortación con el paso del tiempo. "Atesora mis mandamientos contigo", escribió Salomón:

> *Guarda mis mandamientos y vivirás,...*
> *Para que te guarden de la mujer extraña,*
> *de la desconocida que lisonjea con sus palabras.*
>
> —Versículos 1–2, 5

Como puede ver, Salomón le escribió específicamente a la audiencia masculina, es decir, su hijo. Aun así, vivir de manera inmoral e imprudente no está reservado solamente para los hombres y estos mandamientos bíblicos aplican a las mujeres de igual manera. Aunque Salomón habló acerca del peligro generado por una "desconocida", el problema que cubrió en realidad era el espíritu de lujuria, el cual puede influenciar a ambos géneros.

Empezando en Proverbios 7:6, Salomón describió estar viendo por la ventana y notar a "un joven falto de juicio" (versículo 7). Aquí, él no está menospreciando a los jóvenes, solamente describiendo una persona joven en particular, quien no vivió una vida sabia y prudente. El joven ya estaba en el lugar equivocado en el momento equivocado; y él se había colocado a sí mismo allí por elección.

¿Por qué alguien se pondría a sí mismo intencionalmente en peligro? Se debe al espíritu de lujuria que roba la sabiduría y el entendimiento de la gente. Cuando está bajo la influencia de este espíritu, la gente actúa de manera ilógica. Yo veo esto siempre en la gente que está atada por la lujuria. Cuando las personas verdaderamente meditan sobre sus acciones, saben que lo que están haciendo está mal y a pesar de ello, continúan haciéndolo. El apóstol Pablo describió esta desconexión lógica en Romanos 7:15: "*No entiendo qué me pasa, pues no hago lo que quiero, sino lo que aborrezco*" (RVC).

¿Cuál es la consecuencia de este comportamiento ilógico? En Proverbios 7:8–9, vemos la elección peligrosa que hizo el joven:

> *Pasando por la calle cerca de su esquina;*
> *iba camino de su casa,*
> *al atardecer, al anochecer,*
> *en medio de la noche y la oscuridad.*

El joven sabía exactamente lo que estaba haciendo, aunque sus acciones fueran tontas. Él se dirigía a la casa de una prostituta, y lo hacía cubierto bajo la noche.

Dirigirse hacia el mal, por la noche, forma una combinación mortal; aun así, ¿con cuánta frecuencia sucede algo similar en la actualidad? Un hombre va en su carro y entra a la zona roja de la ciudad, mientras tanto se va diciendo a sí mismo que solamente quiere "descubrir una nueva ruta hacia su casa". O, "revisa su correo electrónico" en su computadora tarde en la noche, cuando está cansado y a solas, sabiendo que está a un *clic* de la inmoralidad. O una mujer que pasa demasiado tiempo viendo las fotografías de la página de Facebook de un antiguo novio, fantaseando sobre lo que pudo haber pasado entre ellos o lo que podría pasar si tan solo volvieran a encontrarse. ¡Todos ellos están entrando a áreas de peligro extremo!

En nuestra vida, no podemos darle un punto de apoyo como este al enemigo. No podemos, accidentalmente, desviarnos de manera esporádica en el peligro. Debemos mantenernos sobrios y vigilantes, lo que significa mantenernos tan lejos de la tentación como sea posible.

Como era de esperarse, el joven de Proverbios entró directamente en territorio peligroso:

> *Y he aquí, una mujer le sale al encuentro,*
> *vestida como ramera y astuta de corazón.*
> *Es alborotadora y rebelde.*
>
> —Versículos 10–11

"Alborotadora y rebelde" no es la descripción de la personalidad de esta mujer. Es la personificación del espíritu de lujuria; el cual es descarado e insolente. Así era en los tiempos de Salomón y así también es en la actualidad. El espíritu de lujuria se da a conocer tan fuerte como sea posible y siempre se burla de la pureza sexual. Solamente vea las películas y programas de televisión de la actualidad y note cómo se burlan de la palabra *virgen,* o cómo se muestra falsamente al matrimonio como opresivo y pendenciero. Ese es el espíritu de lujuria "alborotador y rebelde" en acción. La inmoralidad sexual es glorificada descaradamente, mientras que la inocencia y la fidelidad son abiertamente despreciadas.

El pasaje continua describiendo a la mujer, que anda errante, "*acecha por todas las esquinas*" (versículo 12). Así, también, es como el espíritu de lujuria opera en la actualidad. La inmoralidad se exhibe en todas partes, y es el iceberg gigantesco bajo la línea de agua del internet. Aparece en una gran cantidad de películas, programas de televisión, revistas y canciones populares. Un hombre encontrará difícil hasta avanzar una cuadra sin ver lascivia en una o dos carteleras.

El versículo 13 dice que la mujer "agarró" al joven y "lo besó". En ese entonces, eso era visto como un comportamiento descarado y también podría ser un comportamiento descarado en la actualidad. Aun así, por extraño que parezca, esta acción característica del espíritu de lujuria puede ayudarnos en realidad. Al espíritu de lujuria le gusta escandalizarnos, pero podemos dejar que el escándalo inicial actúe como una advertencia. Cuando nos sintamos escandalizados, necesitamos voltear y huir. El escándalo es una señal de Dios que indica que estamos en el lugar equivocado y tenemos que irnos ¡inmediatamente! De hecho, si alguna vez *dejamos* de escandalizarnos por el comportamiento inmoral, entonces realmente estamos en problemas.

Después de besar al joven, la mujer descarada dice algo sorprendente:

> *Tenía que ofrecer ofrendas de paz,*
> *y hoy he cumplido mis votos;*
> *por eso he salido a encontrarte,*
> *buscando tu rostro con ansiedad, y te he hallado.*
>
> —Versículo 14–15

La referencia que afirma "ofrendas de paz" significa que era una mujer religiosa, activa en el sistema del templo. La equivalencia moderna a lo que dijo sería: "Fui a la iglesia hoy. Y ahora que ya salimos de eso, podemos ir a divertirnos un poco".

Aquí, Salomón nos está dando un vistazo de una persona que empuja los límites de la gracia. Ella está diciendo: "Mira: podemos ir a pecar, y después, nos arrepentimos; y todo estará bien". En la actualidad este tipo de comportamiento no es poco común en la iglesia. Sabemos que el pecado es malo; sin embargo, nos involucramos en el pecado con la idea de que lo arreglaremos después.

Una vez, hablé con un hombre que estaba teniendo un amorío. Le rogué que terminara con eso, pero él se rehusó. En su justificación, dijo: "Yo sé que lo que estamos haciendo está mal. Sin embargo, ella y yo estamos orando acerca de eso. De hecho, hasta oramos juntos por eso".

"Ese es el colmo del engaño" le dije. "Dios siempre da la bienvenida a casa a los pecadores. Sin embargo, tú estás vergonzosa y repetidamente entrando al lugar Santísimo con la mujer con la que estás cometiendo adulterio. Dios no será burlado".

El apóstol Pablo confrontó esta manera de pensar en Romanos 6:1–2 cuando preguntó: *"¿Qué diremos, entonces? ¿Continuaremos en pecado para que la gracia abunde? ¡De ningún modo!"*. Note el énfasis al final de esa oración. Casi podemos escuchar el desdén en la voz del Apóstol. Él está resoplando. Está somatando el puño en la mesa. ¿Deberíamos empujar los límites de la gracia de Dios? "¡De ningún modo!".

Regresando a Proverbios 7:16–18, la mujer inmoral continuó su seducción susurrándole al joven:

He tendido mi lecho con colchas,
con linos de Egipto en colores;
he rociado mi cama con mirra, áloes y canela
Ven, embriaguémonos de amor hasta la mañana,
deleitémonos con caricias.

Vea cómo pintó un cuadro tentador de la inmoralidad por venir. Esto es típico de la forma en que el espíritu de lujuria actúa. La inmoralidad se ve bien en la parte de afuera. Se nos promete aventura, diversión, plenitud, descanso y respeto. Sin embargo, el espíritu de lujuria ¡siempre es un mentiroso!". Entrampa y enreda. Arruina a las personas y destruye a las familias. El mundo se refiere a la inmoralidad sexual como "hacer el amor". Sin embargo, no hay amor verdadero en ello, solamente engaño y desesperación. Hacer el amor no sucede en una sola noche. Hacer el amor verdadero incluye regocijarse con la persona con la que está casado a través de toda la vida, juntos.

La mujer inmoral detalló su plan en Proverbios 7:18–20:

Ven, embriaguémonos de amor hasta la mañana,
deleitémonos con caricias.
Porque mi marido no está en casa,
se ha ido a un largo viaje;
se ha llevado en la mano la bolsa del dinero,
volverá a casa para la luna llena.

"No te atraparán", decía ella. "Me he hecho cargo de todo". Esa es siempre la promesa que el espíritu de lujuria hace: una promesa de discreción, anonimato y sin consecuencias. Y eso siempre es una mentira. ¿En realidad cree alguien que él o ella será la primera persona en la historia de la humanidad, que se involucra en un comportamiento inmoral y que no sufrirá consecuencia alguna?

Aquí van dos hechos simples que no podemos olvidar nunca. Márquelos bien:

1. Dios siempre está al tanto de nuestras acciones (Salmo 139).
2. El pecado siempre tiene consecuencias (Gálatas 6:7–8).

Veamos algunas de esas consecuencias del pecado en Proverbios 7:21–23:

Con sus palabras persuasivas lo atrae,
lo seduce con sus labios lisonjeros.
Al instante la sigue,
como va el buey al matadero,
o como uno en grillos al castigo de un necio,
hasta que una flecha le traspasa el hígado;
como el ave que se precipita en la trampa,
y no sabe que esto le costará la vida.

No se nos dice el castigo exacto que el joven recibió por el pecado. Podría haber sido plagado con una infección del hígado, y pudo haber muerto literalmente. O la descripción podría ser metafórica: quizá él sencillamente se llenó de pecado y fue encontrado espiritualmente muerto. De cualquier manera, las consecuencias no son placenteras. Y ese es el consejo claro y directo: la inmoralidad, con el tiempo, siempre produce consecuencias desagradables.

En los versículos 24–26, Salomón ofreció otra fuerte advertencia:

Hijos, por favor, ¡escúchenme!...
No inclines tu corazón hacia sus caminos;
no pierdas el rumbo por sus atajos.
Por su culpa, muchos han caído heridos;
aun los más fuertes han muerto por causa de ella.

—RVC

Esa última advertencia nunca deja de maravillarme. *Aun* los más fuertes murieron por ella. Repita: *Aun los más fuertes.* Estos no eran hombres con una inclinación inicial por la inmoralidad. Eran líderes. Gente de fuerza y carácter. Honorables. Rectos. Ellos creían estar por encima de cualquier reproche. Aun así, cayeron.

Finalmente, el último versículo en este pasaje debería dejarnos fríos a todos:

> *Su casa es el camino al Seol,*
> *que desciende a las cámaras de la muerte.*
>
> —Versículo 27

La Biblia dice que el arrepentimiento está disponible para toda la gente, no importa lo que una persona haya hecho (Apocalipsis 22:17). Al mismo tiempo, porciones de la Escritura sí indican que los adúlteros y los fornicarios irán al infierno. (Vea por ejemplo, 1 Corintios 6:9–10, que dice: "ni los fornicarios…ni los adúlteros…heredarán el reino de Dios").

Lo que yo creo que indican estas escrituras es que la sangre de Jesús cubre todos nuestros pecados, aun así, los creyentes todavía pueden estar esclavizados. Sin embargo, si una persona está en abierta rebeldía y continúa en un pecado específico sin importarle la Palabra de Dios o las consecuencias de su pecado, entonces esa persona debería revisar nuevamente si él o ella ha venido verdaderamente a Cristo por arrepentimiento y salvación. Quizá, el que se confiesa creyente, nunca ha sido salvo para empezar. Eso, en sí mismo, debería hacer que todos estuviéramos preocupados por un pecado recurrente (2 Corintios 13:5).

Como mencioné en el principio de este capítulo, la tentación por la lujuria en la actualidad es enorme. Las estadísticas del uso de pornografía son impactantes. Las tasas de divorcio son abrumadoras. Yo creo que la lujuria es una de las más grandes amenazas para la iglesia. La inmoralidad anda desenfrenada en nuestra cultura, nuestras bancas y hasta en nuestros púlpitos.

Sin embargo, hay esperanza.

Aunque el deseo de la carne es uno de los espíritus más difíciles de vencer, la Biblia da una guía clara y muestra la salida. Examinemos tres razones por las que la lujuria es tan difícil de vencer y las maneras que la Biblia señala para liberación en tal dificultad.

#1: La lujuria brota de los deseos naturales

La palabra *lujuria* realmente significa deseo, y muchas traducciones bíblicas intercambian ambas palabras. En griego, la palabra es *epithumeo*. Es una palabra neutral, lo que significa que el sentimiento puede ir en cualquier vía, dependiendo de a qué vía está dirigida.[1]

Vea Lucas 22:15, donde Jesús le dijo a Sus discípulos: "*Intensamente he deseado comer esta Pascua con vosotros antes de padecer*". Esa misma frase pudo haber sido traducida como *lujuria*. Permítame ser claro en que Jesús no tenía un deseo pecaminoso. Él, sencillamente, tenía un *deseo intenso* de celebrar la Pascua con Sus amigos.

La neutralidad de esa palabra es un recordatorio de que Dios nos da deseos naturales y saludables, incluyendo los deseos sexuales. Estos no son buenos ni malos en sí mismos; sin embargo, estos deseos pueden ser cumplidos ya sea en forma piadosa o en forma impía.

El deseo impío, especialmente el deseo sexual impío, es lo que llamamos lujuria. Parte de la estrategia de Satanás es convertir nuestros deseos puros en malignos y nuestros deseos carnales ordinarios en deseos pecaminosos de la carne. Si le permitimos hacerlo, fácilmente podemos caer esclavos de un espíritu de lujuria.

Gálatas 5:16–17 sugiere una manera de evitar eso. Pablo nos dice: "*Vivan según el Espíritu, y no satisfagan* [no satisfagamos] *los deseos de la carne. Porque el deseo de la carne se opone al Espíritu, y el del Espíritu se opone a la carne; y éstos se oponen entre sí para que ustedes no hagan lo que quisieran hacer*".

El Espíritu mencionado en este versículo es el Espíritu Santo. Observe que el deseo de la carne se opone a los deseos del Espíritu y si andamos en estrecha comunión con el Espíritu Santo, no sucumbiremos a la lujuria. Además, vea cómo tendemos a ver la última parte de ese versículo, ("para que ustedes no hagan lo que quisieran hacer") solamente bajo una luz negativa. Sin embargo, también puede verse de una forma positiva. Podemos estar tan enamorados de Jesús y desear intensamente lo que Dios quiere que no queramos hacer otras cosas. Podemos estar sujetos al Espíritu en lugar de a la carne.

Romanos 8:5–6 profundiza en esta idea señalando que *"Porque los que viven conforme a la carne, ponen la mente en las cosas de la carne, pero los que viven conforme al Espíritu, en las cosas del Espíritu. Porque la mente puesta en la carne es muerte, pero la mente puesta en el Espíritu es vida y paz"*. En otras palabras, una gran parte de evitar la lujuria está relacionado con dónde permitimos que permanezca nuestra mente. Necesitamos enfocar nuestros pensamientos deliberadamente en los asuntos del Espíritu Santo. Hablaremos más a fondo acerca de esto en el siguiente capítulo.

Romanos 13:14 también es útil en este contexto: *"Vestíos del Señor Jesucristo, y no penséis en proveer para las lujurias de la carne"*. Esto reitera el hecho de que *deseo* es una palabra neutral. Podemos tener buenos deseos o malos deseos (lujuria), y seguir nuestros deseos carnales nos llevará a áreas peligrosas. Pero si a propósito, "nos vestimos del Señor Jesucristo", y consciente y deliberadamente nos vemos "vestidos de Jesús" o "perteneciendo a Jesús" o "rodeados de Jesús", entonces no daremos lugar a esos deseos carnales y, a cambio, podremos enfocarnos en buenos deseos. Esa es una escritura que memoricé cuando estaba luchando activamente contra la lujuria.

#2: La lujuria siempre es engañosa

La lujuria es un espíritu mentiroso. Promete beneficios, pero solamente da angustias. Promete valor, pero solamente trae destrucción. No se puede confiar en la lujuria. No debe ser escuchada o no debemos inclinarnos a ella.

Lea cuidadosamente la advertencia dada en Proverbios 6:23–29. Nuevamente, la advertencia está formulada hacia los hombres, pero los principios aplican a ambos géneros:

Porque el mandamiento es lámpara, y la enseñanza luz,
y camino de vida las reprensiones de la instrucción,
para librarte de la mujer mala,
de la lengua suave de la desconocida.
No codicies su hermosura en tu corazón,
ni dejes que te cautive con sus párpados.
Porque por causa de una ramera uno es reducido a
un pedazo de pan,
pero la adúltera anda a la caza de la vida preciosa.
¿Puede un hombre poner fuego en su seno
sin que arda su ropa?
¿O puede caminar un hombre sobre carbones
encendidos
sin que se quemen sus pies?
Así es el que se llega a la mujer de su prójimo;
cualquiera que la toque no quedará sin castigo.

El tema de este pasaje está claro: ¿Creemos que en realidad podemos cometer inmoralidad y no ser dañados? El versículo 26 describe este daño de manera realista, sugiriendo que caer en la lujuria reduce a la persona a "un pedazo de pan". Piense en las características de un pedazo de pan. Seco. Rancio. Olvidado. Ignorado. No valorado. Inútil, excepto para dar de comer a los patos en la laguna. Ese es el resultado de la lujuria. Y el pasaje continúa sugiriendo que si nos rendimos a eso, cualquier cosa que valoremos será destruida y quemada, como si estuviera en el fuego.

Los tres versículos siguientes de Proverbios 6 también son valiosos en esta discusión:

No se desprecia al ladrón si roba
para saciarse cuando tiene hambre;
mas cuando es sorprendido, paga siete veces;
tiene que dar todos los bienes de su casa.
El que comete adulterio no tiene entendimiento;
destruye su alma el que lo hace.

—Versículos 30–32

Aquí, la sugerencia es que la gente podría disculpar el robo debido a que el hambre puede ser satisfecha. Sin embargo, la gente no disculpará la lujuria porque la lujuria no puede satisfacerse.

Ese es el engaño de este espíritu en acción. La lujuria siempre promete satisfacción, pero verdaderamente nunca satisface a nadie. Le deja deseando más. En una relación matrimonial pura, santa, una persona puede ser satisfecha, pero no es así en un amorío ilícito. Solo el amor verdadero satisface. Una persona que siempre mira pornografía quiere más. Aquellos involucrados en un amorío encuentran que los antojos solamente empeoran, a medida que los participantes se hunden más en la esclavitud.

Si usted ha leído mis otros libros o me conoce a través de mis sermones en Gateway, no es un secreto que yo haya tenido una vida desbaratada. Puedo hablar de la decepción de la lujuria por experiencia personal porque en mis primeros días caí en un amorío extramarital. Por la gracia de Dios me arrepentí y fui guiado a través de un proceso de completa restauración por un equipo de líderes piadosos. Puedo decirle, por experiencia, que mi pecado nunca me satisfizo. Durante una temporada llevé una vida horrible, asquerosa, solitaria, llena de temor y derrotada. Alabo a Dios porque Él me perdonó y me libró completamente. También gloria al Señor que mi esposa me perdonó, y que he sido restaurado completamente para ella. Puedo decir sinceramente que mi vida en la actualidad está llena de gozo, paz, pureza y victoria.

Permítame añadir, como información adicional, que nadie necesita experimentar un amorío en carne propia para saber lo horrible que es. Si en algún momento yo di la impresión de que Dios puede usar más a una persona si él o ella ha tenido un pasado malo, entonces que el Señor me reprenda, porque eso es un engaño en sí mismo.

Dios no me ha usado *debido* a mi pasado malo. Él me ha usado *a pesar de* ello. Mi pasado pecaminoso no me ha ayudado en ninguna forma; solamente me ha estorbado. Todos los años que anduve en pecado, temor y vergüenza me perdí de mi familia y amigos porque estaba muy desconectado de ellos emocionalmente.

Una vez, Debbie estaba preocupada porque ella no tenía un testimonio tan poderoso como el mío ya que nunca había sucumbido ante el mal como yo. Ella fue salva a temprana edad y nunca se extravió del camino de la justicia. Cuando me contó su este temor, por poco lloro. "Amor", le dije, "tu testimonio es que Dios te guardó de muchas cosas. Yo haría lo que fuera por estar en tu lugar".

Desde entonces aprendí que los sentimientos como el de Debbie son comunes. Una vez, le dije a mi hija cuando era más joven: "Mantente en el Señor y harás cosas más grandes de las que yo alguna vez he hecho".

Ella dijo: "Si yo quiero que Dios me use más de lo que Él te ha usado a ti, entonces necesitaré hacer muchas más cosas malas".

Eso me rompió el corazón. Le aclaré, y lo aclaro a cualquiera que crea lo mismo, que uno no necesita tener una mala historia para después tener una buena historia. Un testimonio no se trata de cuán malo fue usted. ¡Se trata de cuán bueno es Dios!

Esto nos lleva a nuestro tercer punto acerca de por qué la lujuria es un problema tan difícil de vencer.

#3: La lujuria conduce a la muerte

La muerte siempre es el resultado por sucumbir ante la lujuria. Es el destino final inevitable de una vida entregada a la lujuria.

Algunas veces la muerte es física; es decir, la persona en realidad pierde su vida. En un capítulo anterior mencioné a alguien que conocí quien tuvo un ataque al corazón mientras estaba involucrado en un amorío. Por lo general, la muerte es espiritual; es decir que, con el tiempo, el pecado de la persona rompe la relación con Dios. La pasión y el hambre espiritual disminuyen hasta que desaparece. El deseo por Dios mengua. La vida espiritual de la persona llega a ser como un pedazo de pan: viejo, seco y podrido. En lugar de desear cosas buenas, esa persona ansía cosas dañinas solamente.

Un estilo de vida de lujuria puede también ser la causa de otras muertes.

Un matrimonio puede morir.

Un negocio puede morir.

Una carrera puede morir.

Las oportunidades de crecer pueden morir.
Las relaciones con los hijos pueden morir.
El respeto propio puede morir.
La paz interior puede morir.
Las finanzas pueden morir.
La salud puede morir.
El gozo puede morir.
La amistad puede morir.

El espíritu de lujuria les roba a las personas, las mata y las destruye. Una persona consumida por la lujuria no puede tener una mente llena de cosas buenas de manera que pueda ser creativo e innovador y previsor. Una mente llena de lujuria solamente quiere una cosa: la satisfacción que nunca puede tener.

Santiago 1:14–15 dice: "*Sino que cada uno es tentado cuando es llevado y seducido por su propia pasión. Después, cuando la pasión ha concebido, da a luz el pecado; y cuando el pecado es consumado, engendra la muerte*". La palabra *pasión* en este pasaje es la misma palabra griega *epithumeo* que vimos al principio de este capítulo, la que también puede traducirse como "lujuria". Este versículo podría leerse: "Cada uno es tentado cuando es llevado y seducido por su propia *lujuria*. Después, cuando la *lujuria* ha concebido, da a luz al pecado; y cuando el pecado es consumado, engendra la muerte".

Romanos 8:13 ofrece una advertencia fuerte, similar: "*porque si vivís conforme a la carne, habréis de morir; pero si por el Espíritu hacéis morir las obras de la carne, viviréis*".

El amor siempre trae vida, y la lujuria siempre trae muerte.

Eso es con el tiempo.

La muerte es el destino final, el resultado lógico. Es lo que sucederá si continuamos cediendo a una vida de lujuria, y mientras más nos mantengamos involucrados en actividades de lujuria, el tirón hacia la muerte se vuelve más fuerte.

Sin embargo, hay una salida.

Estoy aquí para decirle eso. No es fácil. Lejos está de serlo pero es posible alejarse de esa manera de vivir letal y, con frecuencia, demoniaca.

Podemos arrepentirnos, confesar y buscar rendirle cuentas a alguien. Podemos orar por liberación. Podemos buscar ayuda y podemos confiar en que Dios nos dará una salida.

Primera Corintios 10:13 lo expone así: *"No os ha sobrevenido ninguna tentación que no sea común a los hombres; y fiel es Dios, que no permitirá que vosotros seáis tentados más allá de lo que podéis soportar, sino que con la tentación proveerá también la vía de escape, a fin de que podáis resistirla"*.

Eso significa que siempre es posible una ruta de escape. Dios siempre ofrece liberación. Ninguno de nosotros necesita estar atrapado por el pecado.

Una vez, estaba en un retiro de esquí con algunos de los líderes de nuestra iglesia. Uno de los ancianos estaba planeando subir conmigo al teleférico. Pero se cayó justo antes de subirse al teleférico y se retrasó; así que, en lugar de él, una mujer a quien nunca había conocido se subió al teleférico conmigo.

Inmediatamente, pude darme cuenta, en el espíritu, que algo andaba mal. Hablamos por unos minutos acerca de cosas simples; luego, ella descaradamente preguntó: "¿Quieres venir a mi habitación?" (Recuerde que el espíritu de lujuria es ruidoso, desafiante y escandaloso).

"Soy casado", respondí rápidamente.

"Yo también", respondió ella.

"Ah", dije. Yo me ponía y quitaba los guantes para este momento, y estaba listo para la batalla espiritual. "Pero yo estoy casado con un hombre y con una mujer".

Ella me vio con sorpresa. Antes de que ella pudiera decir algo, continué: "Estoy casado con una maravillosa mujer que se llama Debbie. Y he comprometido el resto de mi vida a un gran hombre llamado Jesucristo".

Ahora bien, cuando uno está en un teleférico de silla, uno está hasta arriba en el aire. No solo se puede saltar y seguir el camino. Tenía una audiencia cautiva. Por el resto de nuestro trayecto hacia arriba de la montaña, le conté a esa mujer todo acerca de ¡Jesús!

Dios proveerá una ruta de escape con cada tentación que enfrentemos. Nuestra responsabilidad es hacer nuestra parte en oración. Tenemos que pedirle a Dios que nos guíe lejos de la tentación y que nos libre del mal. Luego, con la ayuda de Dios, nuestra responsabilidad es utilizar la ruta de escape.

Haga lo que sea necesario para evitar el mal. Apague la computadora. Haga que le instalen un filtro. Cambie canales. Use un teléfono sencillo en lugar de uno inteligente. Maneje por otra calle. Cierre su cuenta de Facebook. Cambie de trabajo. Venda su casa y váyase a otra ciudad. ¡Huya! ¡Corra!

Repito: Haga lo que sea necesario para evitar el mal.

La increíble compasión de Cristo

Tal como mencioné antes en este libro, el discipulado y la liberación van de la mano. Si creemos estar en atadura, entonces el discipulado (aprender más acerca de Cristo y aprender a andar en Sus caminos), reformará la manera en que pensamos, y la liberación nos librará de la atadura espiritual.

Algunas iglesias creen que solamente necesitamos una u otra; sin embargo, ambas, discipulado y liberación, son necesarias en el proceso. Hay algunas que tratan de disciplinar a la carne mientras se rehúsan a reconocer la opresión espiritual. Otras, quieren echar fuera demonios, pero nunca instruyen a la gente en la fe. Usted no puede echar fuera a la carne. Y no puede discipular a un demonio. La gente necesita desconfiar del mal, pero, también, crecer en la gracia y el conocimiento de Cristo.

Segunda Corintios 10:3–5 muestra cómo la liberación y el discipulado funcionan juntos:

> *Pues aunque andamos en la carne, no luchamos según la carne; porque las armas de nuestra contienda no son carnales, sino poderosas en Dios para la destrucción de fortalezas; destruyendo especulaciones y todo razonamiento altivo que se levanta contra el conocimiento de Dios, y poniendo todo pensamiento en cautiverio a la obediencia de Cristo.*

Eso significa que luchamos en terreno espiritual, y que también necesitamos crecer en fe. Necesitamos tanto liberación como discipulado.

La palabra *fortaleza* usada en ese pasaje es una palabra neutral, tal como *deseo* es neutral. Una fortaleza puede ser buena o mala. Así es como funciona en el sentido perjudicial: usted se cansa o tiene un mal día en el trabajo, o los negocios empiezan a declinar, o tuvo un desacuerdo con su cónyuge. Usted está agotado o triste o preocupado, y es tentado a correr hacia la fortaleza equivocada.

¿Sabe lo que generalmente es eso? Es un tren de pensamiento. Nuestra mente es como la Gran Estación Central. Trenes de pensamiento entran y salen cada segundo. Nuestros destinos dependen de cuál tren abordemos. El enemigo pondrá un tren de pensamiento de lujuria en nuestra mente. Ese es el tren que se dirige a la muerte: la muerte de nuestros matrimonios, muerte de nuestras familias, muerte de nuestras carreras, tal vez hasta muerte física. Mientras más abordemos esos trenes nocivos, más fácil se vuelve subirnos a ellos cuando estemos estresados.

Esta es una advertencia simple: No se suba en ese tren. En cambio, aborde el que le lleva a una fortaleza de Dios.

¿Sabía usted que Dios puede ser una fortaleza? Él es un refugio fortificado a donde podemos correr (o subir en el tren que nos lleva allá) y estar seguros. En Él hay vida.

Filipenses 4:8 dice: *"todo lo que es verdadero, todo lo digno, todo lo justo, todo lo puro, todo lo amable, todo lo honorable, si hay alguna virtud o algo que merece elogio, en esto meditad"*. Ese es un versículo para memorizar y decírselo a sí mismo cada mañana y cada noche, y siempre que sea tentado a subirse en el tren equivocado.

Oremos ahora.

> *Señor Jesús, Hijo de Dios, Dios todopoderoso, pedimos por Tu ayuda en esta área de lujuria, esta área en la que tanta gente tiene problemas. Nos arrepentimos de este pecado. Confesamos que hemos pensado en las cosas equivocadas y*

hemos actuado de manera equivocada. Hemos abordado los trenes incorrectos que llevan al destino de muerte. Padre, nos humillamos a nosotros mismo bajo Tu mano justa y poderosa, pidiéndote que nos levantes.

Líbranos de toda opresión espiritual en esta área. Líbranos del espíritu de lujuria. Con la ayuda de Tu Espíritu Santo, nos alejaremos del mal y adoptaremos la plenitud de Cristo. Vístenos con Tu Ser, oh, Señor Jesús. Vístenos con Tu compasión y bondad.

Permítenos llenar nuestra mente con las cosas de Dios. Por Tu gracia, meditaremos en cosas que son justas y puras y santas y verdaderas. Abordaremos el tren hacia el destino correcto: la libertad y vida que Tú nos das en Cristo. Tú eres nuestra fortaleza y libertador. Te adoramos a Ti, Dios todopoderoso. Amén.

Si ha tenido problemas con la lujuria, quiero que sepa que hay gran esperanza para usted. Cuando se arrepiente, Jesús no le da la espalda. Él no le condena o avergüenza. Él siempre le da la bienvenida con los brazos abiertos.

Uno de los jugadores de la NFL que asiste a nuestra iglesia empezó un estudio bíblico, y uno de los otros atletas profesionales que fueron al estudio le confesó al grupo que había sido infiel años atrás. El grupo le animó a que se lo confesara a su esposa, y él lo hizo. ¿Sabe cuál fue la respuesta de su esposa? Ella dijo, "Amor, estoy profundamente dolida por tu pecado. Pero Jesús te perdona, y yo también. De hecho, lamento que hayas llevado esta carga solo todos estos años".

Esa es una imagen de la compasión que solamente Jesús puede darnos.

Se siente como si ya hubiéramos cubierto bastante terreno, pero solamente hemos terminado la mitad de este tema. En lo que se refiere a la lujuria, lidiar con nuestras acciones es solamente un área de la batalla. Una de las áreas más grandes involucra a nuestra mente. Cubriremos esto más a fondo en el capítulo que viene.

Preguntas para meditar o discutir en grupo

1. ¿Qué fue lo que más le impactó de Proverbios 7?

2. Lea Proverbios 10:24 y Lucas 22:15. Luego lea Tito 2:12 y 2 Timoteo 2:22. ¿Cómo podemos saber la diferencia entre el deseo sano y dado por Dios, y la lujuria como un deseo retorcido?

3. Mucha gente ha sido tentada con pensamientos de insatisfacción con la provisión de Dios en una o muchas áreas de su vida: matrimonio, trabajo, finanzas, amistades, etc. ¿Cómo ha aprendido a llevar esos pensamientos cautivos y a escoger el contentamiento?

4. Lea Romanos 8:13. Según este versículo, ¿cuál es la clave para vencer la pasión de la carne? ¿En qué forma nos ayuda el Espíritu Santo?

5. Hable acerca de la "compasión que solamente Jesús puede darnos". ¿Cómo lo ha experimentado en su propia vida?

Capítulo ocho:

ROMPER LAS TRAMPAS EN SU MENTE[1]

Todo pensamiento humano lo sometemos
a Cristo, para que lo obedezca a él.

—2 Corintios 10:5 (DHH)

Una mujer fue donde su líder de célula y le pidió ayuda. Recientemente, había estado comiendo de más, y quería rendirle cuentas a alguien en cuanto a esta área. Además, describió haberse sentido enojada mucho más de lo usual y se dio cuenta que le estaba gritando a su esposo y a sus hijos. Esto estaba creando problemas en el hogar.

Mientras hablaba, salieron las raíces del problema. Dos meses antes, el esposo de la mujer había sido despedido de su trabajo, y ella estaba luchando con el temor sobre la nueva e incierta posición financiera de la familia, así como el enojo contra el empleador anterior.

Cada vez que esta mujer se sentía fuera de control, brotaba el temor y el enojo dentro de ella, se volvía irritable en su espíritu y se refugiaba en la comida como un apoyo emocional. Sabía que en lugar de eso, debía estarse refugiando en Dios, pidiéndole ser llena del fruto del Espíritu Santo. Aun así, encontraba que con frecuencia, su carne ganaba la batalla. En un impulso, correría al refrigerador o lanzaba golpes por el enojo.

La mujer y la consejera hablaron acerca del perdón y de cómo manejar el enojo de una manera bíblica. Crearon un plan de discipulado más una nueva estrategia de alimentación y acordaron reunirse la semana siguiente para rendir cuentas.

La siguiente vez que se encontraron, la líder le preguntó a la mujer cómo le estaba yendo. Ella dijo que no se había apartado del plan. "Pero todavía tengo un problema con lo que está dentro de mi mente", ella añadió tristemente, y aquí se llevó la mano a la frente. "Esta semana, cada vez que mi vida se sentía caótica, todavía me veo a mí misma repasando mentalmente conversaciones de enojo que quisiera tener con el jefe de mi esposo. La ira todavía está allí. Y todavía me veo luchando contra el impulso de buscar consuelo en la comida".

Ella no está sola. El diablo y su equipo pueden estropear la persistencia de nuestro pensamiento. Una persona pueda estar afligida por pensamientos de enojo, pensamientos de suicidio, pensamientos de orgullo, pensamientos de rebeldía o pensamientos de sexo ilícito. Una persona puede tener pensamientos equivocados de las capacidades que él o ella tiene (o que no tiene) o ser guiado a la duda o al temor o a la ansiedad constante. La mente de una persona puede ser cegada por la confusión. Él o ella puede estar melancólico sin razón aparente o falsamente lleno de culpa.

Los expertos cristianos debaten sobre la exactitud de cómo los demonios pueden influenciar nuestros pensamientos. Algunos eruditos insisten que los demonios no pueden interponer pensamientos dañinos directamente en nuestra mente. Otros insisten en que ellos sí pueden. Independientemente, la pregunta es cómo un pensamiento demoniaco entra en nuestra cabeza no es el problema principal por el que debemos preocuparnos. Lo que importa es el hecho de que un pensamiento nocivo está presente.

Hágase una pregunta sencilla. Si un pensamiento está en su cerebro y no está alineado con el carácter justo de Dios, entonces ¿con quién más se alinea ese pensamiento? No hay un punto medio en lo que se refiere a la persistencia del pensamiento. La Biblia describe a Satanás como "el padre de mentira", (Juan 8:44, NVI), y él quiere inyectar su engaño en nuestra cabeza de la manera que pueda.

Necesitamos ser libres de toda atadura mental. Necesitamos asegurarnos de que nuestros pensamientos están verdaderamente en línea con los de Cristo.

¿Pero cómo?

La mente es un campo de batalla

Jesús no murió en la cruz solo para darnos vida eterna. Él murió en la cruz también para darnos vida victoriosa. La salvación y la vida en victoria van de la mano. Aunque somos perdonados y redimidos, salvos y vamos camino al cielo, todavía podemos vivir una vida de esclavitud mental. Solamente somos tan libres como lo es nuestra mente.

En Génesis 3:1, encontramos el origen de esta atadura. Satanás no tomó cautiva a Eva con un arma, una bomba, un cuchillo o cualquier arma obvia. Él lo hizo con una simple pregunta: "¿Verdaderamente dijo Dios...?"

¿Ve la táctica que usó? Antes de que el diablo pueda vencer a alguien, él primero tiene que tratar de desarmar a esa persona. Y la forma en que nos desarma es haciendo que cuestionemos lo que Dios ha dicho claramente.

Dios ya les había dicho a Adán y a Eva lo que necesitaban saber. Él les había dado Su palabra, límites claros para seguirlo a Él y vivir una vida justa. Luego llega Satanás, y dice tres palabritas que hacen que Eva (y luego Adán) duden de Dios.

Desde entonces, Satanás siempre ha estado usando la misma táctica. Sin embargo, la buena noticia es que Jesús triunfa sobre Satanás; él no puede ganar. Jesús vino a la tierra como la Palabra de Dios encarnada, y a través de Su obra en la cruz, Quitó toda maldición de nosotros. También vino a libertar nuestras mentes. Él lo dijo directamente en Juan 8:32: *"y conoceréis la verdad, y la verdad os hará libres"*.

La guerra ha sido ganada. Pero las batallas todavía rugen, y la batalla de la mente es una de las más feroces. Segunda Corintios 10:3-5 pinta una poderosa imagen de la pelea:

> *Es cierto que vivimos en este mundo, pero no luchamos como los seres humanos que viven en él. Las armas con las que luchamos no son de este mundo, sino que tienen el poder de Dios para destruir las fortalezas del enemigo. Con nuestras armas, también destruimos los argumentos de los que están en contra nuestra y acabamos con el orgullo que no le permite a la gente conocer a Dios. Así podemos capturar todos los pensamientos y hacer que obedezcan a Cristo.*
>
> —PDT

La batalla que Pablo describió aquí es una espiritual y mental, y las armas a nuestra disposición no son naturales. Son armas sobrenaturales que tienen poder dado por Dios para destruir fortalezas demoniacas. Y se espera que nosotros las usemos.

Aquí hay un plan de batalla como lo muestra este pasaje. Destruimos argumentos nocivos. Aplastamos toda opinión orgullosa que vaya contra lo que Dios ya ha dicho. Y hacemos lo mejor que podemos para llevar todo pensamiento ilícito cautivo.

La palabra griega traducida "capturar" en este pasaje, *aichmalotizo*, viene de una raíz que significa "lanza".[2] El simbolismo es que podemos tener mentes victoriosas donde todo pensamiento del enemigo que pasa revoloteando es prensado contra una pared por la punta de una lanza y obligado a someterse a Cristo. A ningún pensamiento corrupto se le permite vagar en nuestra mente. Si visualizamos un pensamiento impropio, entonces no lo entretenemos. Lo atacamos con la punta de una lanza. Lo obligamos a "obedecer a Cristo".

La palabra griega para "obedecer" es *hupakouo*, que significa "obedecer sobre la base de haber puesto atención a".[3] En otras palabras, obligamos a todo pensamiento a poner atención, o escuchar, lo que Jesús ha dicho.

Eso es exactamente lo que Jesús hizo cuando Satanás lo tentó en el desierto. Satanás atacó a Jesús usando palabras, promesas vacías y sugerencias tentadores. Sin embargo, en vez de sucumbir a la tentación, Jesús respondió llevando cautivas cada una de las ideas de Satanás. Repetidamente, Él respondía a Satanás señalando la Escritura y citándola, diciendo: "Escrito está... " "Escrito está... " "Escrito está... ". Cada tentación fue contrarrestada por la Palabra de Dios revelada. Jesús llevó cautivas por medio de una punta de lanza cada una de las sugerencias de Satanás. Ese es el modelo de vivir una vida libre.

La Biblia nos enseña que no podemos resolver problemas espirituales simplemente usando nuestra fuerza de voluntad o nuestra carne. Si tratamos de usar estas herramientas para vencer una vida de pensamiento nocivo, entonces estamos peleando con las armas incorrectas y vamos a perder. Si queremos llegar a ser verdaderamente libres, tenemos que hacer a Jesús el Señor de nuestra mente. Necesitamos confesar que nuestros pensamientos no han estado honrando a Dios. A través de la oración en el nombre de Jesucristo, tenemos que ser librados de la opresión demoníaca. Y, luego, tenemos que renovar nuestra mente sumergiendo nuestros pensamientos en la Escritura.

El Espíritu Santo hará la obra aquí. Él nos renovará. Sin embargo, tenemos que estar de acuerdo con lo que Él está haciendo y cooperar. Tenemos que abrir la Biblia. Tenemos que leer y volver a leer el texto.

Santiago 4:7 dice: *"someteos a Dios. Resistid, pues, al diablo y huirá de vosotros"*. Si no nos sometemos a Dios primero, entonces no tenemos oportunidad alguna de vencer al diablo. Sin embargo, una vez nos sometemos a Dios y una vez aceptamos cooperar con el Espíritu Santo mientras Él obra en nuestra vida, entonces tendremos el poder para vencer al enemigo. Tenemos que tomar una decisión mental consciente de que Jesucristo recibirá honra de cada pensamiento que permanezca en nuestra mente.

Los pensamientos podrían revolotear en nuestra cabeza, provenientes de mil fuentes diferentes: lo que leemos, lo que observamos, lo que la gente dice, antiguas memorias que brotan, una cartelera que pasamos en la calle. Cuando estos pensamientos se alinean con el justo carácter de Dios, podemos darles una atención concentrada y enfocada. Si no se alinean con el carácter de Dios, la mejor estrategia es llevarlos cautivos. En lugar de entretener dichos pensamientos, los obligamos a escuchar la Palabra de Dios. Luego los rechazamos reemplazándolos conscientemente con la Escritura.

La Biblia es clara en que nuestra mente es un campo de batalla. Tenemos que librar una guerra para ganar la batalla por la persistencia de nuestro pensamiento. Así que echemos un vistazo más cercano a tres maneras en que podemos luchar exitosamente para llegar a ser verdaderamente libres en nuestra mente.

Estrategia de batalla #1: Renovar nuestra mente memorizando la Escritura

Cuando era joven y recientemente salvo, tenía muchos problemas con la persistencia de mi pensamiento. Viejos recuerdos e imágenes continuaban repitiéndose en mi mente, y era fácil querer entretener esos pensamientos. Había escuchado cómo memorizar la Escritura era un arma fundamental para la batalla de la mente, así que estaba muy entusiasmado por intentarlo.

Resultó que estaba demasiado entusiasmado. Intenté memorizar todo el Salmo 119, el salmo más largo en la Biblia. Llegué hasta el versículo nueve y no pude ir más lejos. Sin embargo, aun esos nueve versículos ayudaron.

Aprendí que mi cerebro era como el disco duro de una computadora, y que durante muchos años yo había programado las cosas equivocadas en él. Tenía pensamientos de derrota. Creía que Dios nunca iba a querer usar a alguien con tantos problemas como yo. Estaba atrapado en la ansiedad, detenido bajo la falsa culpabilidad. Había sido redimido por Jesús y declarado sin mancha en Su presencia, pero creía que todavía estaba cubierto de suciedad. El problema era que a donde quiera que iba en mi mente para sacar algo, mi mente solo podía sacar lo que yo le había programado a pensar.

De manera que empecé a memorizar la Escritura. No grandes porciones de ella, como lo había intentado con Salmo 119, sino versículos específicos relacionados con las situaciones en las que estaba trabajando. Empecé a leer mi Biblia todos los días también. Por supuesto, hubo días en que no pude leerla. También hubo veces en que olvidé versículos bíblicos que pensé que tenía memorizados. Sin embargo, al igual que cualquier cosa que valga la pena hacer en la vida, mientras más lo hacía, más competente me volvía.

Gradualmente, mi mente comenzó a cambiar. Cuando fui tentado con pensamientos dañinos, sacaba mis documentos recién grabados en mi "disco duro", los documentos mentales que contenían la Palabra de Dios. Si alguna vez era tentado a pensar de mí mismo como echado a perder, sacaba lo que la Palabra de Dios decía acerca de la esperanza y el futuro que Dios me estaba dando. Poco a poco, estaba aprendiendo lo que Pablo quiso decir cuando dijo: "*Y no os adaptéis a este mundo, sino transformaos mediante la renovación de vuestra mente*" (Romanos 12:2). Versículo por versículo, la persistencia de mi pensamiento estaba siendo renovado.

Hoy día, si no he leído mi Biblia a diario, tengo la genuina sensación de que me estoy perdiendo de algo. Ya no necesito recordármelo a mí mismo. El patrón sencillamente está arraigado en mi vida. Tengo una Biblia en mi teléfono, también, así que es mucho más fácil ahora el simplemente sacar algo de escritura donde quiera que esté: en la oficina del doctor, esperando por una reunión, o lo que sea.

El patrón que la Escritura describe para nosotros es renovar nuestra mente. Eso es lo que la Escritura hace por nosotros.

Estrategia de batalla #2: Usar la Palabra de Dios como un arma espiritual

La Palabra de Dios es una de las armas espirituales más poderosas a nuestra disposición en la batalla por nuestra mente. La Escritura es más poderosa de lo que podamos comprender en total. Efesios 6:10–18 describe en detalle la lucha espiritual en la que estamos y presenta la provisión de Dios para nuestra protección:

> *Por lo demás, hermanos míos, manténganse firmes en el Señor y en el poder de su fuerza. Revístanse de toda la armadura de Dios, para que puedan hacer frente a las asechanzas del diablo. La batalla que libramos no es contra gente de carne y hueso, sino contra principados y potestades, contra los que gobiernan las tinieblas de este mundo, ¡contra huestes espirituales de maldad en las regiones celestes! Por lo tanto, echen mano de toda la armadura de Dios para que, cuando llegue el día malo, puedan resistir hasta el fin y permanecer firmes.*
>
> *Por tanto, manténganse firmes y fajados con el cinturón de la verdad, revestidos con la coraza de justicia, y con los pies calzados con la disposición de predicar el evangelio de la paz. Además de todo esto, protéjanse con el escudo de la fe, para que puedan apagar todas las flechas incendiarias del maligno. Cúbranse con el casco de la salvación, y esgriman la espada del Espíritu, que*

> *es la palabra de Dios. Oren en todo tiempo con toda oración y súplica en el Espíritu, y manténganse atentos, siempre orando por todos los santos.* (RVC)

Note cómo Pablo nos dice que nos fortalezcamos en el Señor. Él no solamente nos manda a hacerlo, sino que nos dice cómo hacerlo, en el Señor; y, además, cómo prepararnos apropiadamente. Él usa la analogía de un soldado romano y describe seis elementos de su armadura y cómo usarlos de manera correcta. Se nos instruye a revestirnos de lo siguiente:

- *El cinturón de la verdad.* Un soldado romano podía "fajarse a sí mismo" con un cinturón ancho para proteger sus "lomos" (como lo dicen algunas traducciones bíblicas). El área del lomo del cuerpo se usa para reproducir y eliminar. Cuando estamos viviendo según la Palabra de Dios, reproducimos verdad y eliminamos error. Cuando no lo estamos, reproducimos error y eliminamos verdad. La Biblia dice que usemos la verdad, la Palabra de Dios, como la base de toda reproducción y eliminación. En otras palabras, si algo está de acuerdo con la Palabra de Dios, lo recibimos y lo enseñamos a otros, pero si choca con la Palabra, nos deshacemos de ello.
- *La coraza de justicia.* La coraza protegía los órganos vitales de un soldado, especialmente el corazón. Si un soldado enemigo estaba buscando un tiro a matar, entonces dispararía contra un corazón desprotegido. El diablo siempre apunta al corazón también, buscando robarnos nuestro gozo y fe. Dispara a matar al condenarnos. Nos dice que no somos nada bueno o que hemos cometido demasiados errores o que Dios ama a otra gente más de lo que nos ama a nosotros. La coraza de justicia, sin embargo, declara que la sangre de Jesús es el agente limpiador más fuerte purificante del universo. Cuando

nuestro pecado fue tocado por la sangre de Cristo, desapareció para siempre.

- *El casco de la salvación.* Si un enemigo rebana la cabeza de un hombre, el hombre muere. Lo mismo sucede con nosotros. Si nuestras mentes son destruidas, estamos bien muertos. La salvación de Cristo, como está presentada para nosotros en la Biblia, protege nuestra mente. Cristo nos ha salvado y nos ha hecho *"santos, intachables e irreprochables delante de él"* (Colosenses 1:22, NVI). Pero, de nuevo, yo creo que este versículo nos recuerda renovar nuestra mente con la Palabra de Dios, meditar en ella y memorizarla.
- *Las sandalias del evangelio de la paz.* Las sandalias de un soldado romano tenían tacos en la parte de debajo de manera que pudiera pararse de manera sólida sin importar el terreno. Eso es lo que el evangelio puede hacer por nosotros. Jesús vino a hacer la paz entre nosotros y un Dios santo. Eso significa que nuestra vida no es para complacernos a nosotros mismos o para hacer un montón de dinero o buscar fama o encontrar a alguien que nos ame. Nuestra vida es para glorificar a Dios. El diablo quiere que nos quitemos los zapatos para que seamos inestables cuando caminemos. Sin embargo, vivir con recordatorios constantes del evangelio de Cristo nos mantiene firmes. En el primer capítulo le conté acerca de haber matado una serpiente de cascabel en nuestra propiedad fuera de la ciudad. Debido a eso, yo siempre uso botas a prueba de serpientes. Yo creo que necesitamos usar las botas del evangelio de la paz a prueba de serpientes ¡todos los días!
- *El escudo de la fe.* El escudo de un soldado romano no era una pequeña tapadera metálica, sino un escudo de cuerpo entero. Era portátil, fuerte y protector. Eso es la fe para nosotros. ¿Cómo

obtenemos fe? La fe viene de escuchar la Palabra de Dios (Romanos 10:17). Es por eso que necesitamos pasar escritura constantemente por nuestra mente. Mientras más escuchemos la Palabra de Dios, más grande y fuerte se vuelve nuestro escudo de fe ¡para bloquear *todas* las flechas incendiarias del maligno!

- *La espada del Espíritu.* Hebreos 4:12 describe la Escritura como: *"viva y eficaz, y más cortante que las espadas de dos filos"* (RVC). Podemos leer otros libros, pero la Biblia nos lee a nosotros. Es nuestra única arma ofensiva en la batalla por nuestra mente.

Esta es la armadura completa de Dios. Es más poderosa que cualquier otra arma a su disposición. Cada día cuando nos levantamos, Dios quiere que nos vistamos para la batalla. Él quiere que nos vistamos con la verdad. Quiere que ejerzamos la verdad. Quiere que vivamos la verdad. Y quiere que creamos la verdad.

Así que, nuevamente, la primera manera en que podemos renovar nuestra mente es memorizando las Escrituras. La segunda manera en que podemos ser libres es usando la Palabra de Dios como un arma espiritual. Y la tercera manera es meditando en la Palabra.

Estrategia de batalla #3: Meditar en la Palabra de Dios

A propósito, he hecho una distinción entre *leer* la Escritura y *meditar* en la Escritura. Las dos van de la mano, pero no son lo mismo. Yo puedo leer el periódico o una revista de carros, pero no estoy meditando en lo que leo.

Meditar significa que reflexionamos de manera enfocada y concentrada sobre algo. Realmente pensamos en eso. Lo masticamos como las ovejas rumian: una y otra y otra vez.

¿Alguna vez a ha visto a una oveja hacer esto? Las ovejas solamente tienen un estómago, pero el estómago tiene cuatro secciones. Cuando una oveja come algo, primero se traga la comida, luego la regurgita y la mastica, la traga nuevamente, regurgita otra vez, mastica, traga, regurgita y así sucesivamente hasta que la comida es digerida por completo.

Un poco grotesco, tal vez, pero eso es lo que la palabra *meditar* significa básicamente. Es un proceso de regurgitar y masticar palabras.

No es lo mismo que la meditación oriental o de la Nueva Era, donde se nos dice que vaciemos nuestras mentes y pensemos en nada. La meditación bíblica definitivamente involucra pensar en algo: escritura. Significa que leemos escritura y luego, la volvemos a leer. Ponemos escritura en nuestro corazón y la recordamos a diario.

Cuando memorizo escritura, memorizo una frase a la vez, un versículo a la vez. Memorizo meditando en cada frase. Pronuncio la frase, luego la repito, la repito una y otra vez. Todo el tiempo la estoy rumiando. Me hago preguntas a mí mismo, como *¿Qué me dice esta escritura?* O, *¿Qué me dice esta frase acerca del carácter de Dios?* Pienso en esa frase o versículo todo el día y pienso en las maneras de aplicarlo.

Cuando estaba en el cuarto de emergencia en Australia, no permitieron que Debbie se quedara conmigo. Estaba perdiendo mucha sangre y, varias veces, los doctores mencionaron la muy real posibilidad de mi muerte. Mientras estaba recostado en la camilla del hospital, allí, solo, pensamientos dañinos y de temor atravesaban mi mente. Tenía la opción de entretener esos pensamientos o luchar contra ellos.

Yo sabía que mi vida estaba en las manos de Dios, y que Él nunca me dejaría ni me abandonaría (Hebreos 13:5), y que todos mis días estaban numerados por Él (Salmo 139:16). Así que fui a la batalla. Una de las primeras cosas que hice fue llamar a mis hijos por teléfono para pedir apoyo en oración. Ahora todos mis hijos son adultos, y todos están en los caminos del Señor. Todos viven a ocho kilómetros de distancia de nuestra casa, de manera que se reunieron en mi casa y oraron por mí.

Luego, me recosté en mi almohada y traje a la mente todos los versículos de la Escritura que podía recordar. Empecé por el principio de la Biblia, en Génesis, y pasé a lo largo de la Biblia, capítulo por capítulo, libro por libro, meditando en cada uno que venía a mi mente. Luego recordé un fragmento de Ezequiel 16:6 y recordé que había bajado la Biblia a mi teléfono, así que busqué el versículo solo para asegurarme de las palabras. "*Yo pasé junto a ti y te vi revolcándote en tu sangre. Mientras estabas en tu sangre, te dije: "¡Vive!" Sí, te dije, mientras estabas en tu sangre: "¡Vive!"*".

Yo sabía que Dios le estaba hablando específicamente a la nación de Israel en ese versículo, pero cuando lo leí, una sensación de paz, nueva y firme cayó sobre mí. Dentro de mi espíritu, sentí al Señor diciéndome: *Esta no es tu hora, Robert. No vas a morir. Yo pronuncié este versículo sobre la nación de Israel una vez, y hoy la pronuncio para ti: Te veo revolcándote en tu propia sangre; sin embargo, Yo te digo: "¡Vive!"*.

Salmo 107:20 nos dice que la Palabra de Dios es, en realidad, un agente sanador. Sí, la Palabra de Dios corta como una espada, tal como Hebreos 4:12 lo describe. Pero, paradójicamente, la misma espada que es tan poderosa para pelear la batalla, también puede sanar. La Palabra de Dios encuentra nuestras heridas y las sana como el escalpelo de un cirujano. Nuestra tarea no es sencillamente la lectura de la Escritura sino memorizarla y meditar en la Palabra de Dios de manera que esta renueve nuestra mente.

Uno de mis pasajes favoritos de la Escritura es Salmo 1:1–3. Es una promesa tan poderosa:

> *¡Cuán bienaventurado es el hombre que no anda en*
> *el consejo de los impíos,*
> *ni se detiene en el camino de los pecadores,*
> *ni se sienta en la silla de los escarnecedores,*
> *sino que en la ley del Señor está su deleite,*
> *y en su ley medita de día y de noche!*
> *Será como árbol firmemente plantado junto a*
> *corrientes de agua,*
> *que da su fruto a su tiempo,*
> *y su hoja no se marchita;*
> *en todo lo que hace, prospera.*

El pasaje dice que una persona que no anda en consejo de los impíos es bendecida. Sin embargo, ¿qué podría ser el consejo de los impíos? Yo creo que incluye todo pensamiento que no provenga de Dios o que no se alinea con la Palabra de Dios.

Siempre es una tentación oír el plan de vida del mundo. El mundo insiste en que debemos ser ricos, famosos y poderosos. Que necesitamos manejar los carros adecuados y usar toda la ropa adecuada y tener respuestas cortantes para cualquiera que se meta en su camino.

Pero el Salmo uno pinta un cuadro diferente. Dice que somos bendecidos cuando nos deleitamos en la Palabra de Dios y, comprenda esto, cuando *meditamos* en la ley de Dios día y noche. ¡Qué promesa! La Biblia dice que cuando lo hagamos, seremos como árboles plantados junto a corrientes de agua, nunca perderemos la vitalidad, la creatividad y el sustento. Seremos como hojas que no se marchitan, estables en nuestra frescura y floreciendo eternamente y enteras, no marchitas, quebradas y secas.

El Salmo uno también dice que un hombre que medita en la Palabra de Dios tiene la prosperidad garantizada. Ahora bien, yo sé que necesitamos ser cuidadosos hasta cuando pronunciamos la palabra *prosperar* porque ha sido tan mal utilizada por las iglesias y los ministerios en el pasado. Sin embargo *prosperar* es una palabra bíblica. Está justo allí en Salmo 1:3, de manera que debe tener algo importante que decirnos.

¿Qué significa que nos digan que vamos a prosperar? No es una promesa que dice que viviremos en la satisfacción de nuestros apetitos o que tendremos abundancia de bienes materiales. Significa que viviremos como Dios quiere que vivamos. Llevaremos abundante fruto espiritual (Gálatas 5:22–23). Nuestras actividades e intenciones resultarán en el cumplimiento del plan de Dios (Filipenses 1:6). Llevaremos vidas que son agradables a Dios todopoderoso (2 Corintios 5:9). ¡Y eso es solamente la mitad de lo que significa prosperar para un cristiano!

Solía pensar que meditar en la Palabra de Dios era muy difícil y que no podía hacerlo. Sin embargo, cuando realmente empecé a hacerlo, llegué a darme cuenta que es la cosa más fácil del mundo. Y meditar en la Escritura produce la paz más profunda que yo haya tenido.

Usando la analogía de la computadora nuevamente, una computadora tiene tanto equipo como programas. El equipo es el cuerpo de la computadora: los componentes físicos que hacen que todo funcione. Los programas son las instrucciones que se mueven dentro del equipo.

El cerebro humano es nuestro equipo. Los pensamientos que corren por nuestra mente son como programas.

Desde la caída en Génesis 3, nuestra mente ha sido infectada, como un programa de computadora con un virus. Este virus nos roba el conocimiento de Dios y provoca que pensemos y actuemos en maneras para las cuales nunca fuimos diseñados. Sin embargo, la buena noticia es que cuando meditamos en la Escritura, bajamos la información que reprograma nuestro cerebro para pensar y actuar apropiadamente. Literalmente, podemos reentrenar nuestro cerebro para tener pensamientos de Dios y no pensamientos corruptos.

Hagamos esto altamente práctico. Cuando nuestro pensamiento está sesgado, lo mejor es ir a los versículos que abordan el asunto que esté plagando nuestra mente. Veamos algunos ejemplos.

- Temor. "*Porque no nos ha dado Dios espíritu de cobardía, sino de poder, de amor y de dominio propio*" (2 Timoteo 1:7).
- Perdón. "*Si confesamos nuestros pecados, Él es fiel y justo para perdonarnos los pecados y para limpiarnos de toda maldad*" (1 Juan 1:9).
- Ansiedad. "*Por nada estéis afanosos; antes bien, en todo, mediante oración y súplica con acción de gracias, sean dadas a conocer vuestras peticiones delante de Dios. Y la paz de Dios, que sobrepasa todo entendimiento, guardará vuestros corazones y vuestras mentes en Cristo Jesús*" (Filipenses 4:6–7).

- Tentación. "*No os ha sobrevenido ninguna tentación que no sea común a los hombres; y fiel es Dios, que no permitirá que vosotros seáis tentados más allá de lo que podéis soportar, sino que con la tentación proveerá también la vía de escape, a fin de que podáis resistirla*" (1 Corintios 10:13).
- Irritabilidad. "*Estad siempre gozosos; orad sin cesar; dad gracias en todo, porque esta es la voluntad de Dios para vosotros en Cristo Jesús*" (1 Tesalonicenses 5:16–18).
- Falta de dominio propio. "*Por consiguiente, hermanos, os ruego por las misericordias de Dios que presentéis vuestros cuerpos como sacrificio vivo y santo, aceptable a Dios, que es vuestro culto racional. Y no os adaptéis a este mundo, sino transformaos mediante la renovación de vuestra mente, para que verifiquéis cuál es la voluntad de Dios: lo que es bueno, aceptable y perfecto*" (Romanos 12:1–2).

¿Cuándo es el mejor momento para meditar en la Escritura? Cualquier momento, por supuesto. Sin embargo, Deuteronomio 6:6–9 presenta cuatro momentos específicos cuando es especialmente útil:

> *Y estas palabras que yo te mando hoy, estarán sobre tu corazón; y diligentemente las enseñarás a tus hijos, y hablarás de ellas cuando te sientes en tu casa y cuando andes por el camino, cuando te acuestes y cuando te levantes. Y las atarás como una señal a tu mano, y serán por insignias entre tus ojos. Y las escribirás en los postes de tu casa y en tus puertas.*

Este pasaje habla específicamente acerca de enseñar la Escritura a los niños, pero los momentos que menciona también se aplican a meditar en la Escritura. Esos cuatro momentos son:

- Cuando nos levantamos en la mañana;
- Cuando nos acostamos en la noche;
- Cuando estamos sentados en la casa, sin hacer nada; y
- Cuando vamos de camino a algún lugar.

Note que esos son los cuatro momentos principales en que el diablo está más propenso a atacar nuestra mente. Cuando nos vamos a dormir, por ejemplo, es fácil acostarnos allí, en la oscuridad, y entretener pensamientos dañinos. Allí viene la preocupación. Allí viene el temor. Allí viene la lujuria. Allí viene la ansiedad e irritabilidad.

Cuando tenemos la Escritura en nuestra mente y corazón durante tales momentos, estamos armados y somos peligrosos. Podemos llevar todo pensamiento cautivo y vencer cualquiera de los pensamientos dañinos. Sin embargo, si no tenemos la Escritura en nuestro espíritu en esos momentos, somos vulnerables. Nuestra fuerza de voluntad por sí misma no es tan poderosa como el diablo. Él podría influenciarnos y ponernos en esclavitud.

Afortunadamente, la Palabra de Dios es más poderosa que el diablo. Puede vencer las sugerencias mentales del diablo cada vez que la usamos. La clave no es que *quitemos* el pensamiento negativo de nuestra mente, sino que lo *reemplacemos* con un pensamiento más poderoso de la Palabra de Dios.

Si estoy acostado en una cama de hospital y tengo miedo, entonces no me hace ningún bien solo decirme a mí mismo: "Robert, deja de pensar en el miedo". Si yo intento eso, inmediatamente, el temor se vuelve un elefante proverbial en la habitación, lo que significa que en realidad estoy constantemente pensando en el elefante. La clave es que tengo que reemplazar el pensamiento del elefante con un pensamiento diferente, más grande.

Por eso es que tenemos que tener la Escritura lista en nuestra mente para esos cuatro momentos vulnerables del día en lo particular. Si el diablo viene contra nosotros con condenación, entonces ya sabemos qué hacer. ¡Nosotros respondemos con la Escritura!

La facilidad de la liberación de Dios

Jimmy Evans, el fundador del ministerio *Marriage Today*, cuenta la historia de un amigo suyo quien es una de las personas más disciplinadas que él conoce. El amigo se encontró con Jimmy una vez y le contó cómo, a pesar de su estilo de vida altamente disciplinado, había un área de su vida que, sencillamente, no lograba controlar. "Soy adicto a la pornografía", dijo el amigo, "y sencillamente no puedo vencerla. No sé qué hacer. He intentado todo lo que sé para librarme de esto y estoy perdido". (Discutimos el problema a fondo en el capítulo anterior; sin embargo, grandes partes de este capítulo aplican al problema de igual manera).

Jimmy oró por su amigo para que Dios lo librara de cualquier opresión espiritual. Luego, en cuestión de cinco minutos, Jimmy le contó a su amigo acerca del poder de la Escritura y lo que significaba meditar en la Palabra de Dios. Jimmy presentó el plan de manera rápida y sencilla. "Pon una escritura específica en tu mente", le dijo. (Para este problema, le recomendó Filipenses 4:8). "Entonces, cada vez que la tentación de lujuria venga, trae ese versículo a tu mente deliberadamente y medita en él".

El amigo se fue a casa. Unos días después, llamó a Jimmy.

"Soy libre", dijo el amigo. "Soy 100 por ciento libre. Cuando me fui de tu oficina ese día, fui a casa y empecé a hacer exactamente lo que me describiste. Todavía no he perdido una batalla. El diablo aún me ataca, pero ahora sé qué hacer. Es sorprendente cuán sencillo es".

Me encanta esa historia, y he sido testigo de primera mano de muchas historias como esa. Podemos vivir nuestra vida libre del temor; libre de la ansiedad; libre de pensamientos suicidas, baja autoestima y condenación; libre de la lujuria; libre de las adicciones y mucho más. Solamente necesitamos aprender cómo luchar por nuestra mente.

Oremos ahora.

> *Señor Jesús, declaramos que Tú eres Señor de la persistencia de nuestros pensamientos. Traemos cautivo todo pensamiento a Ti, y declaramos la guerra en el nombre de Jesús sobre*

toda atadura del enemigo en nuestra vida. Nos comprometemos a vivir según Tu Palabra. Ceñimos nuestros lomos con la verdad. Nos ponemos la coraza de justicia, el casco de la salvación y las sandalias del evangelio de la paz. Nos armamos con la espada del Espíritu. Tendremos cuidado de no andar en el consejo de los impíos. Nos deleitaremos en Tu Palabra y meditaremos en ella de día y de noche.

En el nombre de Jesucristo te damos gracias por Tu libertad. En el nombre de Jesús, atamos a Satanás y a su obra maligna. Espíritu Santo de Dios, oramos que entres en nuestra vida con todo Tu poder y que nos llenes con la medida completa de Dios.

Oramos y pedimos estas cosas en el nombre de Jesucristo, amén.

En este capítulo hemos hablado acerca de cómo llegar a ser libres de la atadura mental. En el siguiente, hablaremos acerca de la atadura emocional, una lucha similar que puede ser la raíz de cómo se manifiestan otros problemas en nuestra vida. La buena noticia es que Jesús no solamente vino para librar nuestra mente sino, también, para sanar nuestra alma. Encontraremos cómo funciona eso en las siguientes páginas.

Preguntas para meditar o discutir en grupo

1. ¿Qué parte de este capítulo le fue más útil?

2. Lea 2 Corintios 10:3–5. ¿Qué significa llevar los pensamientos "cautivos" o "en cautiverio"? ¿Por qué es posible solamente con la ayuda del Espíritu Santo?

3. Lea Hebreos 4:12. ¿Qué describe sus antecedentes con la Biblia y qué nos dice este versículo acerca de la Escritura?

4. ¿Cuáles son algunos de sus pasajes favoritos de la Escritura que haya memorizado?

Capítulo nueve:

ROMPER LA TRAMPA DE LAS HERIDAS PASADAS

No acabará de romper la caña quebrada.

—Isaías 42:3, NVI

Cuando era solo un niño de cinco o seis años de edad, tenía problema para pronunciar la letra *R*. Si su nombre fuera John Smith, entonces eso no habría sido problema. Pero si su nombre fuera Wobert Mowwis, entonces sería el blanco de las bromas del patio de recreo. Más o menos en ese tiempo, mi familia se mudó a una nueva ciudad, Marshall, Texas; y recuerdo perfectamente a los niños de la escuela riéndose de mí y poniéndome apodos.

Empecé a recibir terapia del habla. A la larga, la terapia del habla demostró ser de mucho beneficio, pero a corto plazo le dio el sentido de diferencia que yo sentía. Cada día, a la hora de colorear, me llamaban solo a mí para salir de la clase e ir a la terapia, lo cual solamente añadía a mi dolor. Siempre me pregunté de qué me estaba perdiendo en la hora de colorear.

He tenido un tipo de ceguera al color toda mi vida. Durante años, cuando niño, pensé que este problema de la vista era la causa por la que en primer grado tenía que dejar la clase durante la hora de colorear. Aun después de haber crecido y tener mejor conocimiento, el daltonismo ha presentado algunos problemas. Me pasé una luz roja intermitente pensando que era amarilla. Con el tiempo, sin embargo, el daltonismo se ha convertido más en un problema de vestuario.

En la actualidad, Debbie escoge toda mi ropa. Una vez, ella estaba fuera de la ciudad en un retiro de damas y olvidó preparar mi ropa para los servicios del fin de semana. Escogí mi ropa por mí mismo y me fui a la iglesia. La esposa de uno de nuestros pastores asociados me miró de arriba para abajo y, moviendo la cabeza, dijo: "Debbie está fuera de la ciudad, ¿verdad?".

Afortunadamente, la terapia del habla tuvo beneficios para mí cuando era un muchacho, y mi habla mejoró bastante rápido. Para cuando llegó el segundo año, uno no podía distinguir la forma en que yo hablaba de como lo hacía cualquier otro chico. Hasta aprendí a deleitarme en hablar en público. Para cuando tenía 12 años, estaba haciendo presentaciones de ventriloquía.

Mi problema del habla sanó completamente. Sin embargo, esas heridas emocionales todavía estaban allí: la sensación de ser dejado de lado; la sensación de que tal vez me estaba perdiendo de algo; la sensación de ser inaceptablemente diferente. Todos esos sentimientos se quedaron conmigo durante años.

Uno de los miembros de mi personal, Tommy Briggs, experimentó una herida emocional similar cuando era niño. Su padre era un aparcero y la familia creció en pobreza. Para empeorar el asunto, él tenía un impedimento del habla, igual al que yo tuve. Él recuerda claramente el primer reporte de libro que dio en su vida. Era sobre el libro *Bambi.* Tommy se paró al frente de la clase y pronunció mal el título del libro. La clase se rió.

Tommy llevó esa herida consigo por muchos años. Siempre pensó de sí mismo como inferior a los demás; tal como el niño de la granja cuya familia no tenía dinero suficiente. Su herida le impidió hacer las cosas que él quería hacer. Se convirtió en una fortaleza para el enemigo, y alejó a Tommy de todo lo que el Señor tenía deparado para él.

Afortunadamente, el Señor alcanzó la vida de Tommy y empezó a hacer una verdadera obra de sanidad en él. Tommy describe la sanidad más como un proceso gradual que un evento de una única vez. Sin embargo, era definitivo y concreto.

En la actualidad, Tommy es uno de los líderes en nuestros seminarios *Kairos*, eventos que llevamos a cabo en nuestra iglesia y que ayudan a la gente con la sanidad emocional. Más de 1,000 personas asistieron a nuestro último evento. Allí estaba Tommy, en la plataforma, liderando al grupo completo. Él habló claramente y con plena confianza. Tommy me ha contado la sensación de libertad emocional que él tiene ahora cuando habla en público. El Señor ha hecho un magnífico trabajo en su vida, y las heridas de su niñez se han ido.

Tristemente, no todos pueden decir lo mismo.

Las heridas pueden mantenernos esclavizados. Estas heridas tienden a ser profundas dentro de nosotros y no podemos superarlas ignorándolas. El asunto es si, y cómo, permitiremos al Señor tratar con la herida.

La obra de Jesús

Lucas 4:16–22 nos dice que Jesús llegó a Nazaret, el pueblo a donde se crio. *"entró en la sinagoga el día de reposo, y se levantó a leer. Le dieron el libro del profeta Isaías, y abriendo el libro"*, (versículos 16–17, RVR1960), y Él leyó:

El Espíritu del Señor está sobre mí,
Por cuanto me ha ungido para dar buenas nuevas a los pobres;
Me ha enviado a sanar a los quebrantados de corazón;
A pregonar libertad a los cautivos,
Y vista a los ciegos;
A poner en libertad a los oprimidos;
A predicar el año agradable del Señor.

Cuando Jesús terminó de leer, los ojos de todos estaban fijos sobre Él. Esta era una profecía mesiánica, y todos en la sinagoga lo sabían. Ellos se preguntaban qué era lo que Jesús estaba a punto de decir acerca del texto. Las palabras que dijo después fueron simples, pero profundas: *"Hoy se ha cumplido esta Escritura que habéis oído"* (versículo 21).

Permítame parafrasear. Jesús estaba diciendo: "Yo soy *Él*. Su Mesías está aquí. Y lo que acabo de leer, estos cinco ministerios fundamentales que Isaías describió, es lo que el Mesías hará".

¿Cuáles eran esos ministerios fundamentales?

- *Anunciar el evangelio y proveer salvación.* Dos frases en ese pasaje se relacionan a esto. Jesús vino a "anunciar buenas nuevas a los pobres" y a "predicar el año agradable del Señor". Jesús quería que todos supieran que Su obra en la cruz serviría abarcaría la brecha entre un Dios santo y una humanidad pecadora.
- *A demostrar la obra del bautismo en el Espíritu.* Jesús dijo: "El espíritu del Señor está sobre mí por

cuanto me ha ungido". Sabemos que el Espíritu Santo había descendido sobre Jesús cuando Juan lo bautizó en el río Jordán (Lucas 3:21–22). Y Jesús prometería a Su iglesia un encuentro poderoso con el Espíritu Santo después de Su muerte y resurrección.

- *Para sanar físicamente a la gente.* Jesús dijo que Él proveería "la vista a los ciegos".
- *Para librar a la gente de la esclavitud espiritual.* Jesús dijo que Él venía "para pregonar libertad a los cautivos".
- *Para proveer sanidad emocional.* Jesús dijo que él iba a "sanar a los quebrantados de corazón" y a "poner en libertad a los oprimidos". La versión bíblica *Traducción Lenguaje Actual* traduce esta segunda frase así: "para rescatar a los que son maltratados".

Es esa última tarea, proveer sanidad emocional, la que queremos tratar en este capítulo. Existen dos partes en esta tarea: Jesús sana al quebrantado de corazón, y Él rescata a los que son maltratados. Veamos juntos ambas facetas de esta tarea.

#1: Jesús vino a sanar corazones quebrantados

En el griego, el término "quebrantado de corazón" son dos palabras juntas. La primera palabra es *suntribo*, que significa "quebrar en pedazos" o "hecho añicos".[1] Es lo que sucede si se empuja una jarra de vidrio desde un mostrador y cae sobre el piso de la cocina. La jarra se rompe en tantas esquirlas pequeñas que no puede recuperarse. La segunda palabra es *kardia* en griego, que significa "corazón",[2] es de donde obtenemos nuestra palabra en español *cardiaco*.

Jesús estaba diciendo que Él puede hacer por nuestros corazones lo que inicialmente parecía imposible. Imagine ser capaz de reparar esa jarra de vidrio esquirla por esquirla astillada de manera que se vea completamente entera de nuevo. Jesús hace eso por nuestros corazones hechos añicos.

Piense en el término: hecho añicos. ¿Le han roto el corazón alguna vez? Quiero decir, ¿verdaderamente roto? ¿Ha sido su corazón tan lastimado alguna vez que parecía absolutamente irreparable? La buena noticia es que hay alguien que puede sanar eso. Jesús puede volver a poner cada pieza en su lugar.

Cuando yo estaba en la universidad, uno de los estudiantes era conocido por ser el payaso del campus. Él siempre estaba haciendo chiste de todo. Aparte de eso, llevaba un estilo de vida rebelde e inmoral. El Señor puso a este joven en mi corazón para que orara por él. Compartí con algunos otros estudiantes acerca de la carga que sentía, pero ellos me dijeron que lo olvidara. Ellos insistían en que el joven estaba bien perdido. No valía la pena invertir esfuerzo en él. Ellos habían intentado ayudarle algunas veces, pero no habían logrado nada. Aun así, el Señor siguió recordándome a este joven. De manera que continué orando por él y luego decidí hacerme su amigo. No fue fácil, pero pasó. Hasta nos convertimos en compañeros de habitación. Él empezó a confiar en mí y finalmente me compartió su pasado.

Rápidamente, se hizo claro que de su comportamiento salvaje como estudiante universitario nacía una herida emocional profunda que había experimentado de niño. Su padre había lo abandonado el día que nació. Luego, su madre murió de cáncer. Él actuaba de esa manera porque su corazón estaba hecho añicos. Pero él no estaba tan perdido. Jesús empezó a hacer una verdadera obra en él. Pieza por pieza, Jesús reparó su corazón. En la actualidad, ese mismo joven está sano de sus heridas emocionales. Se volvió pastor y está ayudando a otros a encontrar perdón, gracia y sanidad por medio de Jesucristo.

Muchas veces, la vida es difícil, y nuestros corazones pueden quebrarse por muchas razones. Quizá uno de nuestros padres nos decepcionó o nos lastimó cuando éramos jóvenes. Tal vez fuimos rechazados por un novio o una novia durante nuestra adolescencia o adultez. Quizá no nos dieron el trabajo que queríamos o no hemos logrado superar cierto nivel en nuestras carreras. Quizá alguien cercano a nosotros murió, o alguien a quien amábamos nos desdeñó. No importa cuáles sean las razones específicas por las que tenemos nuestros corazones lastimados, la raíz que lo causa es generalmente la misma: una gran pérdida o decepción. Nos sentimos lastimados, despreciados, olvidados, aplastados o rechazados.

Aunque somos bendecidos como cristianos, Jesús nunca nos promete una vida sin dolor (Juan 16:33). Penas y tribulaciones vendrán a nosotros y no está mal sentir pesar, lamentar o sentir la pérdida. Cuando Su amigo Lázaro murió, Jesús respondió con llanto (Juan 11:35). Esa es una respuesta natural y saludable.

La Biblia hasta nos muestra una forma sana de sobrellevar el pesar, dejándonos ver lo que *no* debemos hacer. "*No queremos, hermanos, que ignoréis*", escribió Pablo en 1 Tesalonicenses 4:13, "*...para que no os entristezcáis como lo hacen los demás que no tienen esperanza*". Por el contrario, debemos entristecernos como aquellos que *sí* tienen esperanza y también consolarnos unos a otros en nuestro dolor (versículo 18).

Pueden surgir grandes problemas si no hacemos el luto en esta manera bíblica. Si permitimos que nuestras heridas pasen sin ser clasificadas por Jesús, si nos aferramos al resentimiento o a sentimientos de rechazo, si vemos nuestro sufrimiento como intratable, entonces estos pueden convertirse en puntos de apoyo para que el enemigo influencie nuestra vida. El sufrimiento y los sentimientos de rechazo pueden esclavizar a una persona fácilmente y mantenerla, a él o a ella, en atadura.

¿Alguna vez ha visto a una persona con el corazón lastimado que no ha sido sanada por Cristo? Permítame señalarle siete formas en que puede manifestarse una herida no tratada.

Enojo. Manifestaciones extremas o inapropiadas de enojo son, con frecuencia, evidencia de una fortaleza emocional que brota de un dolor del pasado. Algunas personas atribuyen tales explosiones de enojo a un desorden de personalidad, y algunas veces ese podría ser el caso. Sin embargo, otras veces el enojo se debe una persona que está siendo influenciada demoniacamente.

Cuando era jovencito, me golpearon muchas veces. Sucedía con demasiada frecuencia y algo se quebraba dentro de mí. Desde entonces, una pelea disparaba tal ira en mí que yo demostraba un nivel de fuerza extremadamente alto, quizá hasta fuerza sobrenatural. Nadie me podía vencer después de eso. Y yo no había hecho ningún levantamiento de pesas o ejercicio físico. Creo que estaba siendo exageradamente influenciado por un espíritu de ira.

La Biblia señala la existencia de tales espíritus. El rey Saúl desobedeció a Dios, y el Señor rechazó a Saúl como rey sobre Israel. En 1 Samuel 19:9, la Biblia dice que *un "vino un espíritu malo de parte del Señor sobre Saúl"*. Este espíritu en particular era un espíritu de ira, y el hecho de que la Biblia diga que venía de Dios es, sencillamente, una indicación que todos los espíritus demoníacos están sujetos a la soberanía de Dios. Una noche mientras Saúl estaba sentado en su casa, con su lanza en la mano, el joven pastor, David, tocaba música con su arpa. El espíritu vino sobre Saúl, y Saúl lanzo su lanza directamente a David, intentando clavarlo a la pared. Afortunadamente, David evadió la lanza y escapó (versículo 10). Cuando la gente exhibe un gran enojo como ese, al grado en que ellos tratan de dañar físicamente a otra persona, podría ser la obra de un espíritu maligno.

Inseguridad. Estar demandando atención constantemente, necesitar apoyo emocional con regularidad, estar demasiado preocupado acerca de la apariencia y la posición, todas esas pueden ser señales de inseguridad Algunas veces es solamente una falla de carácter. Sin embargo, con frecuencia, las personas son inseguras debido a que han sido profundamente heridas; a esa herida se le ha permitido seguir sin tratamiento y pudrirse, y el dolor se ha convertido en un punto de apoyo para que el enemigo lo use.

Medite en la seguridad de Pablo, quien dijo: "*Todo lo puedo en Cristo que me fortalece*" (Filipenses 4:13). Una persona segura está constantemente consciente del llamado de Dios sobre su vida y de la obra que Cristo ha hecho por él o ella en la cruz. Romanos 8:14–15 dice: "*Porque todos los que son guiados por el Espíritu de Dios, los tales son hijos de Dios. Pues no habéis recibido un espíritu de esclavitud para volver otra vez al temor, sino que habéis recibido un espíritu de adopción como hijos, por el cual clamamos: ¡Abba, Padre!*".

Yo animo a aquellos que se sienten dolorosamente inseguros a empaparse a sí mismos con este versículo. La liberación podría ser necesaria.

Orgullo. El orgullo se manifiesta de diferentes formas. La gente orgullosa tiende a hablar mucho acerca de sus propios logros, se pintan a sí mismos como mejores que nadie más, y menosprecian a los demás. Pueden dar sus opiniones en todo, o dominar las discusiones. Pueden creer que ellos siempre están en lo correcto y que todos los demás están equivocados. O pueden ser la clase de personas que se mantienen aparte de los demás y rehúsan aceptar la ayuda necesaria. Algunos pueden exhibir un orgullo invertido que disfruta ser diferente y rehúsa amoldarse a las expectativas.

Algunas veces, el orgullo es el resultado de una herida profunda. La persona ha hecho el voto de nunca volver a ser lastimada y podría tratar de lograr esto intentando saberlo todo o serlo todo o hacerlo todo. Podría buscar obtener posiciones prominentes, con poder o dominantes o tomar riesgos inapropiados debido a que no puede admitir haberse equivocado. Cuando tal comportamiento llega a ser extremo, la atadura a un espíritu de orgullo podría estar involucrada. Esta persona podría necesitar tanto liberación como discipulado.

Independencia. Por "independencia" me refiero a una persona que dice: "Yo no necesito a nadie. Yo puedo lograrlo por mí misma". Es muy difícil desarrollar una relación cercana o significativa con este tipo de persona porque él o ella constantemente le mantiene a distancia. La gente independiente tiende a ser muy precavida y no permitirá que nadie llegue a acercarse como amigo. Ellos no quieren escuchar consejo. Ellos hacen lo que quieren sin importar qué.

Este tipo de independencia, a menudo, brota del rechazo o del abandono que sintió en el pasado. Como una protección contra el dolor, tales personas han levantado paredes alrededor de sí mismos, determinados a que nadie tenga la oportunidad de rechazarlos nuevamente. Con demasiada frecuencia, este dolor ha llegado a ser un punto de apoyo para ser usado por el enemigo y la independencia se convierte en una fortaleza.

Susceptibilidad. ¿Alguna vez ha notado que necesita andar de puntillas cuando está cerca de algunas personas? Se ofenden con facilidad, y toman los comentarios a manera muy personal. Usted no puede hacer bromas alrededor de ellos; tiene que ser extremadamente cuidadoso con ellos. Usted nunca sabrá si ellos están guardando rencor sobre algo que usted supuestamente hizo o dijo u olvidó hacer o decir.

Algunas personas son, por naturaleza, más sensibles a las sutilezas del comportamiento que otras, pero no es de eso de lo que estamos hablando aquí. Estamos hablando acerca de gente herida que se ha vuelto ultrasensible a los desaires y andan vigilantes para asegurarse de que nadie vuelva a ofenderlos. De alguna manera, la enseñanza en 1 Corintios 13:5 ha sido olvidada: que el amor "no se enoja fácilmente" (NVI). Ser quisquilloso, susceptible y rápido para ofenderse son señales de que esa persona ha permitido que el dolor se vuelva una fortaleza para el enemigo.

Timidez excesiva o soledad. Nuevamente, no estoy hablando aquí de una característica de la personalidad. Estoy hablando acerca de un temor manifiesto a la gente. Hemos hablado de esto en otros capítulos. Al principio de nuestro matrimonio, si Debbie se iba al otro lado del salón a hablar con alguien, yo me quedaba con un temor gigantesco y con un sentimiento de abandono, lo que resultaba en enojo contra mi esposa.

Necesidad de control. Cuando una persona está siendo acosada por el espíritu de rechazo, él o ella pueden exhibir esa influencia siendo ya sea un dictador mezquino o un campeón manipulador. La persona buscará, constantemente, arreglar a los demás, poner a los demás en su lugar o controlar sus respuestas. Por supuesto, la motivación subyacente es garantizar que el controlador no vuela a ser lastimado. Con frecuencia, la gente se vuelve controladora debido a un temor profundamente arraigado. Piensan que si ceden un poco, su vida dará vueltas fuera de control.

El control puede tener muchas caras. Algunas personas que tienen el espíritu de control, algunas veces, pueden parecer muy encantadoras, por lo menos al principio. Otras pueden ser autoritarias, interrumpiendo a los demás y rehusándose a dar espacio a cualquiera que pueda querer hacer las cosas de manera diferente. Las personas controladoras tienden a ser malos oyentes. Algunos tratan de controlar a los demás a través de intimidación exagerada, mientras que otros intentarán hacer que uno sienta lástima por ellos o hasta recurrirán a las lágrimas.

Enojo, inseguridad, orgullo, independencia, susceptibilidad, timidez, necesidad de control: cualquiera de estas puede ser evidencia de un corazón roto, y señales de que el enemigo está trabajando. Sin embargo, la obra de Jesús es sanar a los quebrantados de corazón y poner en libertad a los maltratados.

Hemos visto lo que significa ser quebrantado de corazón. Ahora veamos la segunda faceta de la obra de Jesús.

#2: Jesús vino a rescatar a los que son maltratados

Hace varios años estaba ministrando a una pareja, a primera vista los dos se veían perfectamente bien. Sin embargo, en su matrimonio y en su salud habían surgido varias "señales reveladoras", lo cual es la razón por la que habían venido a recibir consejo. Mientras estaban en mi oficina, el varón dominó nuestra conversación. Él paso la mayor parte de nuestro tiempo presumiendo acerca de cómo Dios lo estaba usando poderosamente en la vida. La mujer simplemente se quedó sentada, desanimada, sin decir nada. Ella parecía estar al borde del llanto.

Mientras lo escuchaba, Dios me dio una perspectiva de la vida de la mujer. Dentro de su alma, la mujer tenía los ojos morados, los labios ensangrentados y huesos quebrados. Ella estaba siendo ignorada. Ignorada. Reprendida. Avergonzada. Castigada por "entrometerse en el tiempo ministerial del hombre". Por dentro, ella estaba cubierta de moretones.

Interrumpí al esposo mientras hablaba y dije: "¿No puede ver lo que le está pasando a su esposa?"

El hombre movió su cabeza.

Dije: "Usted no puede decir que sirve a Dios mientras ignora a su familia de esta manera. Usted no puede avanzar con el Señor hasta que arregle esto con su esposa. Ahora mismo, usted debería estar de rodillas, suplicándole perdón a su esposa por no amarla de la manera en que Cristo le llamó a hacerlo. Usted necesita quedarse al lado de ella hasta que sane".

En moretón físico es causado por un sangrado interno. Una persona sufre rechazo o pérdida o es lastimada, y al principio no hay señal externa. Pero por dentro, la persona está sangrando y pronto las señales de esa lastimadura aparecerán a la vista de todos.

Usted podría estar ahora mismo en una relación similar a la que atravesó esa mujer que vino con su esposo a consejería. Si su esposo terrenal no quiere sentarse a sus pies hasta que usted sane, usted debe saber que su Padre celestial sí lo hará. Jesús lavó los pies de Sus discípulos. Él nunca le dejará ni le abandonará.

Sin embargo, usted también tiene responsabilidad en esto. No puede permitir que sus heridas internas se queden sin ser tratadas. No está mal dolernos si hemos sido lastimados. Pero tenemos que ir a Jesús con nuestro dolor y permitirle a Él que nos sane. Segunda Corintios 1:3–5 nos ofrece esta promesa de consuelo:

> *Bendito sea el Dios y Padre de nuestro Señor Jesucristo, Padre de misericordias y Dios de toda consolación, el cual nos consuela en toda tribulación nuestra, para que nosotros podamos consolar a los que están en cualquier aflicción con el consuelo con que nosotros mismos somos consolados por Dios. Porque así como los sufrimientos de Cristo son nuestros en abundancia, así también abunda nuestro consuelo por medio de Cristo.*

El moretón emocional, cuando se deja sin tratamiento, puede convertirse en un punto de entrada para la actividad demoniaca. Muchas veces, el verdadero problema es la falta de perdón. Una persona ha sido lastimada y está enojada; pero si el sol se pone sobre ese enojo, entonces se le da un punto de apoyo al diablo (Efesios 4:26–27 NVI).

En Mateo 18, Pedro le preguntó a Jesús: "*¿cuántas veces pecará mi hermano contra mí que yo haya de perdonarlo?*" (Versículo 21). Jesús respondió: "setenta veces siete" (versículo 22). Entonces Jesús contó una historia.

El siervo le debía a su amo una asombrosa cantidad de dinero, algo así como $52 millones de dólares en moneda actual. Incapaz de pagar la deuda, él fue con su amo, cayó a sus pies y suplicó misericordia. Afortunadamente para el siervo, el amo tuvo lástima y borró la deuda completamente. Pero entonces, el mismo siervo, petulante, fue y encontró a alguien que le debía una pequeña cantidad de dinero, como $40 dólares, y metió a este pobre hombre en la prisión de los deudores hasta que pudiera pagarle.

Cuando el amo se dio cuenta de eso, él se puso extremamente enojado. Mateo 18:32–33 registra sus palabras específicas. "*Siervo malvado, te perdoné toda aquella deuda porque me suplicaste.* "*¿No deberías tú también haberte compadecido de tu consiervo, así como yo me compadecí de ti?*" Y luego, según el versículo 34, el amo "*lo entregó a los verdugos hasta que pagara todo lo que le debía*".

¡Sorprendente! Eso es extremo. Me pregunto: *¿Quiénes, exactamente, son esos verdugos?* (Otra versión de la Biblia los llama *atormentadores*). Y luego, leemos las palabras de Jesús en el versículo que sigue: "*Así también mi Padre celestial hará con vosotros, si no perdonáis de corazón cada uno a su hermano*" (v. 35).

¿Está Jesús diciendo que seremos torturados si no perdonamos? Algunos comentaristas explican Su declaración diciendo, sencillamente, que vendrán problemas sobre la persona si no perdona a los demás. Sin embargo, yo creo que el versículo contiene una advertencia muchísimo más fuerte. En 1 Corintios 5, Pablo reprendió a la iglesia de Corinto por albergar en medio de ellos a una persona que habitualmente hizo mal. Pablo les ordenó: "*entregad a ese tal a Satanás para la destrucción de su carne, a fin de que su espíritu sea salvo en el día del Señor Jesús*" (versículo 5). En otras palabras, Pablo les estaba diciendo a los corintios que entregaran a esa persona a Satanás.

¿Por qué la Palabra de Dios emitiría tal declaración? Este patrón de disciplina había sido establecido en el Antiguo Testamento. Muchas veces, cuando la nación de Israel pecó y no se arrepintió, Dios entregaba a Su pueblo a los enemigos de ellos. ¿Por qué? Dios esperaba que se arrepintieran. La disciplina siempre había sido aplicada con la esperanza de que ellos volvieran a Dios. El principio es claro y simple: cuando las personas conocen lo que es estar realmente en atadura, ellos son aptos para buscar liberación.

Regresando al pasaje de Mateo, yo creo que Jesús básicamente estaba diciendo: "Miren, si ustedes no van a perdonar a alguien cuando a ustedes se les ha perdonado tanto, entonces van a entrar en esclavitud. Van a ser miserables hasta que se arrepientan, perdonen y sean liberados. Yo no quiero que sean miserables. Yo no quiero que sean esclavizados tampoco. Yo quiero que ustedes vuelvan a Dios. La única razón por la que esto está sucediendo es que ustedes necesitan comprender que no pueden ser liberados hasta que se arrepientan".

Note otra escritura que nos advierte cómo puede Satanás aprovecharse de nosotros si no perdonamos. Pablo escribió en 2 Corintios 2:10-11: "*Pero a quien perdonéis algo, yo también lo perdono; porque en verdad, lo que yo he perdonado, si algo he perdonado, lo hice por vosotros en presencia de Cristo, para que Satanás no tome ventaja sobre nosotros, pues no ignoramos sus ardides*".

¿Cómo puede Satanás aprovecharse de nosotros cuando no perdonamos? En 2 Corintios 11:14, Pablo nota que: "*Satanás se disfraza como ángel de luz*". Satanás finge ser un ángel bueno, pero no lo es. Eso significa que al retener el perdón, la persona lastimada puede sentirse falsamente consolada. No perdonar puede, en realidad, sentirse bien. Pero eso siempre es un sentimiento falso. Ese es Satanás poniéndose una máscara y fingiendo ser el consolador. Al final, retener el perdón siempre termina lastimándonos.

Digamos que Debbie y yo nos peleamos y nos sentimos maltratados. Esto es lo que hace Satanás. Uno de su equipo pone su brazo alrededor de mis hombros y dice: "Debbie no debería haberte dicho eso. Te está faltando al respeto, Robert. Esta vez, tú fuiste el cónyuge perjudicado. Pobrecito, realmente has sido maltratado".

Ese sentimiento no viene de Dios. Es consuelo falso y proviene del diablo. Aquí está el resto de esa mentira y, con frecuencia, sucede entre los esposos. Uno de los del equipo de Satanás dice:

"Nunca vas a superar esto, Robert. Solo guárdate este golpe de manera que tengas buenas armas la próxima vez que te pelees con ella. Acabas de ver el verdadero carácter de tu esposa. Ella no es la adecuada para ti. ¿No sería tu deseo que estuvieras casado con alguien más, ahora mismo?".

¡Esa mentira viene desde lo más profundo del infierno!

El problema es que demasiados cristianos creen esa mentira. Unen fuerzas con Satanás en ese punto y dicen: "Sabes, tienes razón, Satanás. Me alegro que estés de mi lado. Gracias por ser un amigo tan comprensivo y que me consuela". Y empiezan a nutrir sentimientos de enojo, resentimiento, malicia, odio, celos, orgullo e independencia. Empiezan a sentir que Dios los ha engañado, que les puso una trampa para que se casaran con la persona equivocada. "Tal vez lo que debería suceder es una separación, ¿no te parece? Seguramente puedes encontrar consuelo y respeto en los brazos de alguien más". Este es el punto donde esa misma vocecita deja de ser un consolador y se convierte en un atormentador. Un verdugo. Y allí es donde los moretones se convierten en esclavitud.

No es un accidente que Jesús haya venido no solamente a sanar a los quebrantados de corazón sino también a rescatar a los que son maltratados.

El consuelo verdadero de Dios

Mencioné antes que cuando era niño me molestaban unos chicos más grandes. Yo juré que nunca más me asustarían o empujarían. ¿Sabe qué pasó? Uno de los del equipo de Satanás vino a mí y empezó a consolarme falsamente. Él dijo: "Tienes razón, Robert. No volverás a ser lastimado nunca más. Yo te voy a consolar". Y yo permití que el diablo fuera eso para mí. Me aferré a mi enojo y me rehusé a perdonar. Luego un espíritu de ira entró en mí, y mi falso consolador se volvió mi verdugo. Más adelante, cuando estaba en mi adolescencia, tuve una pelea con un muchacho y lo lastimé seriamente.

Ese espíritu de ira me atormentaba aun después de haber sido salvo. Jesús había renovado mi vida (2 Corintios 5:17), pero el diablo aún tenía un derecho legal para hacerme daño debido a mi pecado sin confesar, lo cual todavía me asediaba (Hebreos 12:1, NVI). Ese espíritu me atormentó los primeros años de mi matrimonio también. Me enojaba mucho con Debbie, y es increíble que ella me haya tolerado, pero por la gracia de Dios así lo hizo.

Finalmente, en oración, volví a ese lugar, en mi mente y en mi corazón, cuando fui herido por primera vez. Con la ayuda de un mentor, pude entregar esa memoria lastimada al Espíritu Santo. Por el poder de Cristo obrando en mí, extendí el perdón a los niños más grandes que me habían molestado. Eso no hizo que lo que ellos me hicieron haya sido menos malo. Sino que significaba que yo ya no iba a recriminárselos. El Espíritu Santo sanó ese recuerdo y el Espíritu Santo me sanó a mí.

Esta historia tiene un giro. De niño, hice el voto de nunca más volver a mostrar debilidad. Específicamente, me convencí a mí mismo que nunca más iba a llorar. Y mantuve ese voto durante 23 años.

Después que fui sanado, el mentor que me había guiado esa vez me preguntó acerca de algún voto que hubiera hecho de niño como parte de mi dolor. Le dije acerca del voto de no llorar. Mi mentor dijo: "Como parte de tu sanidad, el Señor pronto te guiará a un lugar y momento donde volverás a llorar".

No sabía si me gustaba eso, pero dije que estaba bien. Un tiempo después, hubo una noche en que no podía dormir. Acababa de haber recibido la nueva edición de "Selecciones", así que me levanté y empecé a leer las partes divertidas, tales como: "Humor en uniforme", "Gajes del oficio" y "La risa, remedio infalible". Estaba a punto de dejar la revista y regresar a la cama, cuando mi ojo captó una fotografía de una niñita parada a la par de una tumba en un cementerio. El título del artículo era: "Cuando papi no viene a casa".

Mi hija tenía más o menos la misma edad que la niña fotografiada en el artículo e inmediatamente pensé: *yo no voy a leer eso*. Pero el Espíritu Santo dijo: *Sí, si lo harás*.

Empecé a regatear en oración. Dije: "Señor, si leo ese artículo, va a doler y yo no quiero que me duela".

Y el Señor dijo: *Todo va a estar bien, Robert. Vas a leerlo, vas a llorar y te va a gustar.*

¿Sabía que todos los artículos de Selecciones son cortos a propósito?

Bueno, a mí me llevó dos horas leer ese artículo.

A veces, podía leer solo una palabra porque estaba llorando mucho. Leía una palabra, luego dejaba la revista a un lado y lloraba, luego leía otra palabra y lloraba un poco más. Lloré y lloré. Cuando finalmente terminé el artículo, el Señor dijo: *Esto ha sido parte de tu sanidad, Robert. El pasado se ha ido finalmente. Eres verdaderamente libre.*

Oremos juntos ahora mismo. Voy a pedirle al Espíritu Santo que en este momento traiga a su mente algunos recuerdos que Él quiera sanar. Esos recuerdos, sin duda, todavía serán dolorosos. Tal vez usted experimentó una gran pérdida. O, tal vez, le sucedió algo traumático: abuso verbal, abuso físico, hasta abuso sexual. Tal vez sea algo que le sucedió con un extraño, o quizá involucró a un amigo cercano, o cónyuge o padre. Quizá usted hizo algo de lo cual todavía siente vergüenza y a la persona a quien necesita perdonar es a sí mismo.

Cualquiera que sea el dolor, vayamos al Señor en oración.

Señor Jesucristo, Tú eres nuestro Sanador y Consolador verdadero. Nos tienes en la palma de Tu mano. Señor, en este momento, queremos recordar, en el poderoso nombre de Jesús, cualquier herida emocional que nos haya sucedido, cualquier pérdida grande que hayamos experimentado, cualquier daño que se nos haya hecho que no hemos perdonado. Queremos, a propósito, nombrar en oración la razón del dolor que sentimos. Señor, Te traemos esa experiencia herida y maltratada y la ponemos a Tus pies. Padre, reconocemos ante Ti este gran dolor y oramos específicamente por olvido santo. Sometemos estos recuerdos a Ti y pedimos que Tú nos sanes.

Donde haya habido falta de perdón, permite que haya perdón ahora en el poderoso nombre de Jesús. Voluntariamente, escojo ahora perdonar a toda persona que alguna vez me haya hecho daño y libero la amargura y la falta de perdón en el nombre de Jesús. Escojo perdonarme a mí mismo por las cosas malas y vergonzosas que he hecho y recibir el perdón de Dios a través de Jesucristo.

Donde nos hayamos aferrado a sentimientos de ser lastimados, por favor, toma esos sentimientos ahora y quítalos de nuestra vida.

Donde haya sentimientos de gran pérdida, recuérdanos que todo en la vida está en Tus manos soberanas.

En el nombre de Jesús, pedimos que nos liberes de toda fuerza demoniaca que nos haya influenciado. Pedimos que quites de la mano del enemigo cualquier punto de apoyo que le haya sido dado. Por el nombre de Jesucristo, ordenamos a todo espíritu que está ligado a estos recuerdos que huya: todo espíritu de inseguridad, todo espíritu de temor, todo espíritu de enojo, todo espíritu de amargura o resentimiento o control o falsa independencia, manipulación, rechazo o falta de perdón.

Llénanos completamente con toda la bondad de Dios. En oración, estamos de acuerdo con el salmista en que Tú, Oh Señor, eres nuestra luz y salvación, no tenemos, a nadie ni a nada, que temer. Tú eres la fortaleza para nuestra vida; ya no tenemos miedo (Salmo 27:1). Pedimos que nuestro corazón no sea turbado (Juan 14:1) y que podamos recibir la paz que Tú tienes para nosotros (Juan 14:27). Te pedimos que Tú, el Dios de todo consuelo, nos llenes con gozo y paz a medida que confiamos en Ti, de manera que abundemos en esperanza por el poder del Espíritu Santo (Romanos 15:13).

Te adoramos a Ti, Señor, porque eres soberano. Tú eres bueno. En el nombre de Jesucristo, amén.

Algunas veces, la sanidad emocional puede ser un proceso de una sola vez, y algunas veces puede ser un recorrido. Jesús anda con nosotros en ese recorrido, y Él es, también, nuestro destino. He hallado que la sanidad emocional ha sido extremadamente poderosa en mi propia vida. Yo oro que lo sea para la suya también.

Nos aproximamos al final de este libro. Solamente hay un capítulo más que leer, y entonces le daré algunos otros recursos en la parte final del libro con los que puede trabajar si desea. Este capítulo final es donde hablamos de llegar a ser verdadera y finalmente libres. Es el mensaje que muchos de ustedes han estado esperando, una de las claves para empezar su camino de libertad.

Preguntas para meditar o discutir en grupo

1. Lea Isaías 61:1–4. ¿Qué le anima más acerca de estos versículos? ¿Por qué?

2. ¿Por qué cree que el enemigo trata tan fuertemente de traer cosas a nuestra vida para hacer que tengamos el corazón quebrantado?

3. ¿Por qué a la gente, con frecuencia, se le dificulta mucho llegar con Dios para encontrar sanidad para su quebrantamiento? ¿Por qué le es difícil buscar a Dios?

4. ¿Hay alguien que le haya lastimado y que usted necesite perdonar?

5. La Biblia dice que Dios es amor. ¿Cuáles son algunas de las formas en que el amor de Dios trae sanidad a nuestro corazón?

6. ¿Hay algún área de su vida donde su corazón haya estado lastimado y Dios le haya sanado? Hable acerca de eso o escríbalo en su diario.

Capítulo diez:

UNA ORACIÓN PARA RECIBIR LIBERTAD

Ustedes han sido llamados a ser libres.

—Gálatas 5:13, NVI

Una vez, Debbie y yo fuimos a un seminario donde se nos pidió que leyéramos un folleto pequeño acerca del arrepentimiento, de ser perdonados y perdonar a los demás, para luego tomar todos y cada uno de los pasos necesarios en ese proceso. En el folleto había todo tipo de preguntas diseñadas a ayudar a la persona a identificar el pecado en su vida y luego arrepentirse de ese pecado completamente ante Dios. En lo posible, esa persona tenía que restituir.

Regresamos a casa, y a Debbie dedicó tres horas a trabajar en todo el folleto.

Yo me tardé unos 15 minutos.

No era porque Debbie fuera más pecadora que yo. Para nada. Era porque yo no tomé el proceso tan seriamente como debía.

Es a eso a donde quiero dirigirle a medida que terminamos este libro. A lo largo de este libro, hemos hablado acerca de la necesidad del arrepentimiento, pero quiero enfatizarlo aquí una última vez para que le quede grabado en su mente. Permítame explicárselo de manera sencilla: el arrepentimiento, el verdadero arrepentimiento, es *crucial* para encontrar la libertad de la opresión espiritual. Así que le insto a tomar este proceso de manera seria. Permita que el Espíritu Santo le redarguya de pecado, y luego, por la gracia y el poder de Dios, arrepiéntase completamente de ese pecado. No disimule nada en su relación con Dios, particularmente en el área de la liberación. Si usted quiere llegar a ser verdaderamente libre, bien podría tardarse más de 15 minutos.

Me doy cuenta que arrepentimiento no es una palabra común en la actualidad, aun en las iglesias. Esta implica haber hecho mal. Transgresión. Pecado. Aun así, nos desafío a todos nosotros a superar cualquier carga que tengamos alrededor de este término y veamos al arrepentimiento de la manera que Dios lo hace.

Arrepentimiento significa que estamos de acuerdo con Dios y nos apartamos del pecado.

El arrepentimiento implica remordimiento y tristeza.

Arrepentimiento significa que lamentamos las acciones pasadas porque, básicamente, fueron ofensas contra un Dios santo y justo.

La buena noticia del arrepentimiento es que el Espíritu Santo nos ayuda en nuestra debilidad, hasta cuando nos arrepentimos. Si estamos luchando con el arrepentimiento, somos invitados a pedir la ayuda de Dios para cambiar nuestro corazón, para ver nuestros pecados como lo que realmente son, reprensibles a Dios, y aferrarnos a la sublime gracia y perdón que siempre Él nos ofrece.

Espero que se dé cuenta, a través de este libro, que llegar a ser libre puede ser diferente para todos. No sucede exactamente igual para cada persona. Para mí, después de darme cuenta que 15 minutos no lo lograrían, encontré que el proceso demostró ser más bien un recorrido.

Necesitaba atravesar algunas temporadas profundas de rendirme a Dios para que Él pudiera limpiar algunas cosas en mi pasado. Tenía gente a quien tenía que perdonar, y tenía personas a quienes debía pedirles perdón. Todo eso tomó tiempo.

En el pasado, me oponía a muchas de esas acciones y actitudes del corazón, pero en ese tiempo de sincero arrepentimiento, me impactó la idea de que el arrepentimiento solamente es efectivo si es a conciencia. Además, encontré que necesitaba a alguien que me ayudara con mis conflictos, a orar fervientemente conmigo y por mí y sobre mí en esas áreas. Por la gracia de Dios, ahora soy verdaderamente libre.

¿Cómo será su recorrido de liberación? Sin lugar a dudas será diferente al mío. Así que recapitulemos los temas principales de este libro y juntemos algunas ideas para donde vaya a partir de aquí.

Su recorrido de liberación

Hemos pasado a través de tres temas en este libro.

Primero, la opresión demoniaca es real, y es más común de lo que pensamos. Este problema le sucede a la gente común, gente como usted y como yo. Afecta tanto a creyentes como a no creyentes. Lo bueno es que Jesús nos llama a ser libres y nos ofrece la clave a la verdadera libertad.

Segundo, la liberación es necesaria junto con el discipulado para todo creyente que avance espiritualmente y llegue a ser verdaderamente libre. Demasiadas personas, hasta creyentes, nunca son libres de la esclavitud debido a que no pueden comprender cómo funciona o no se dan cuenta que es posible que hasta los cristianos sean oprimidos espiritualmente. Hemos hablado acerca de la manera en que dejar una puerta o ventana abierta en nuestra casa podría permitir que entrara un ladrón. Él no sería el propietario de la casa, pero aún estaría adentro, llevando consigo temor o terror, maldad e influenciando lo que sucede dentro de esas paredes. El pecado puede abrir las puertas de nuestra vida a la actividad demoniaca, y una vez las puertas están abiertas, esos espíritus tienen el derecho de entrar e influenciarnos de manera negativa. Debemos arrepentirnos de nuestros pecados y echar fuera a los espíritus demoniacos, no de manera espeluznante, sino con autoridad, en el nombre del Señor Jesucristo.

Un tercer tema principal de este libro ha sido que Dios ofrece una gran esperanza a todo el que busca liberación. Dios es más grande y más poderoso que todas las huestes espirituales que existen y cuando se busca a Dios, se le encuentra (Jeremías 29:13).

En este capítulo final, queremos reunir todos estos tres temas principales y ofrecer cuatro pasos específicos que usted puede tomar para encontrar libertad verdadera. Adicionalmente, tal como lo he mencionado, Dios no está limitado por el tiempo, el espacio o por las páginas de este libro, así que oraré por usted ampliamente al final del capítulo. Además, le compartiré algunos recursos más amplios en los anexos. Le animo a no pasar por alto esta sección del libro.

¿Quiere ser verdaderamente libre? Este es el capítulo que he estado esperando, el que nos señala el camino de la libertad. Apuesto que usted también lo ha estado esperando.

Veamos cuatro pasos para llegar a ser libertados. Al describir estos pasos sencillos, no estoy tratando de simplificar demasiado el proceso o de hacerlo trivial en ninguna manera. Estoy tratando hacer el proceso sin complicaciones. Piense en estos cuatro pasos como señales a lo largo de su trayecto. Si usted quiere ser libre, entonces avance en la siguiente dirección:

Paso #1: Reconozca que necesita ayuda

La mayoría de nosotros estamos familiarizados con la historia del hijo pródigo tal como se encuentra en Lucas 15. Un hombre tenía dos hijos, y el menor decidió seguir su propio rumbo. Le pidió a su padre que dividiera la herencia, tomó la porción que un día sería suya y viajó a un país muy lejano, en donde desperdició su herencia viviendo inmoralmente.

Después que el hijo menor había despilfarrado todo lo que tenía, hubo una hambruna en la tierra donde estaba. El hijo no tenía ni un centavo a este momento. Ninguno de sus amigos anteriores le quería ayudar, así que se consiguió un trabajo en una granja de cerdos donde le pagaban extremadamente poco. El hijo vivía en el chiquero y, con frecuencia, estaba tan hambriento que las algarrobas de los cerdos le parecían apetitosas.

Finalmente, Lucas escribió, el hijo "recapacitó" (v. 17, NVI) e hizo un plan para irse a casa con su padre.

En otras palabras, él reconoció que necesitaba ayuda. Y, en ese momento, empezó la restauración.

¿Reconoce usted que necesita ayuda? Es una pregunta sencilla con ramificaciones profundas y de largo alcance.

Mucha gente, creyentes y no creyentes, viven en chiqueros. Ese es el lenguaje ilustrativo para una vida desordenada, caótica. Sus vidas son mugrientas, hundidas en el hambre, el frío, la angustia, el temor, el enojo, el remordimiento, la soledad, el cansancio, la tristeza y el estrés.

Sin embargo, esta es la buena noticia. Ninguno de nosotros tiene que vivir en su chiquero. En más de 30 años de ministerio, las únicas personas que haya visto que no pueden ser libres de su chiquero son quienes no quieren admitir que tienen un problema.

Ese es el paso número uno. Reconozca que tiene un problema.

Paso #2: Arrepiéntase ante Dios y los demás

¿Quiere ser libre? Hay una condición. El arrepentimiento es obligatorio, tal como lo hablamos al principio de este capítulo.

Después de que el hijo pródigo se dio cuenta de su necesidad, él escogió arrepentirse. Lucas 15:18 menciona su plan: *"Me levantaré e iré a mi padre, y le diré: 'Padre, he pecado contra el cielo y ante ti'"*.

Y ¿sabe usted lo que pasó cuando el hijo pródigo llegó a casa y dijo esas palabras a su padre? El padre le dio la bienvenida con los brazos abiertos a su hijo arrepentido y lo devolvió a la familia.

Los malos entendidos abundan cuando se refiere al arrepentimiento. El más grande es que el arrepentimiento es lo mismo que la confesión. Ambos están relacionados, pero no son lo mismo.

Una persona puede confesar un pecado con sospechosa facilidad. Se puede decir: "Oh, claro, yo lo hice". Sin embargo, eso no significa que haya arrepentimiento en su corazón. El verdadero arrepentimiento implica tristeza. Reconoce un acto o actitud pecaminosa por lo que es: una abominación contra un Dios absolutamente santo y justo.

La palabra griega para arrepentimiento, *metanoia,* viene de dos palabras griegas. La primera es *meta*, la cual está traducida apropiadamente "después" o "con" pero "implicando un cambio posterior"[1] La segunda es *noia,* la cual se refiere a la mente. Literalmente, arrepentimiento significa "un cambio de mente",[2] "un cambio completo de pensamiento y actitud".[3]

Cuando nos arrepentimos cambiamos nuestra mente en cuanto a varias cosas:

- Cambiamos nuestra mente en cuanto al pecado. Nos dirigimos hacia un camino y luego cambiamos de dirección.
- Cambiamos nuestra mente acerca de nosotros mismos. Reconocemos que estamos involucrados en el pecado, que no estamos siendo el pueblo que Dios destinó.

- También cambiamos nuestra mente acerca de Dios. Dios no es solamente algún Hacedor de Reglas arriba en el cielo esperando que nos equivoquemos para que Él pueda darnos un coscorrón. Dios es un Dios amoroso que siempre nos da la bienvenida con los brazos abiertos.

He escuchado a algunos cristianos decir que una vez somos salvos, nunca necesitaremos volver a arrepentirnos. Eso es incorrecto. El arrepentimiento es tanto un acto de una sola vez que hacemos al momento de nuestra salvación, como un acto continuo que necesitamos hacer con regularidad. (Si los creyentes no necesitaran arrepentirse, entonces Jesús usó la palabra equivocada en Apocalipsis 2–3 cuando Él llamó al arrepentimiento a cinco de siete iglesias en Asia Menor).

Para los creyentes, en realidad, yo recomiendo arrepentimiento diario. Es algo bueno mantener cuentas cortas con Dios.

¿Qué sucede cuando vamos ante Dios en arrepentimiento? La respuesta del padre al hijo pródigo nos da una imagen maravillosa de un Padre celestial que espera ansiosamente vernos regresar a Él. Primera Juan 1:9 lo describe así: *"Si confesamos nuestros pecados, Él es fiel y justo para perdonarnos los pecados y para limpiarnos de toda maldad"*.

El poder para arrepentirse siempre viene del Espíritu Santo. Para los no creyentes, el Espíritu Santo aviva sus corazones para que puedan volver hacia Dios. Para los creyentes, el Espíritu Santo nos ayuda a admitir que nos hemos desviado y nos ayuda a regresar. Sí, se requiere de nuestra disposición para andar con Dios; sin embargo, la obra verdadera siempre la hace Él.

Números 21:8 muestra esta verdad del arrepentimiento. Después de que los israelitas pecaron en el desierto y fueron castigados por medio de serpientes venenosas, el Señor le dijo a Moisés: *"Hazte una serpiente, y ponla en un asta. Todos los que sean mordidos y la miren, vivirán"* (NVI). La gente no necesitaba acicalarse para arrepentirse. No tenían que "alcanzar el estado adecuado" primero u ordenar algunas acciones. Todo lo que tenían que hacer era mirar. Dios hizo la verdadera obra al crear en ellos un nuevo corazón.

Jesús repitió este proceso en relación a Sí mismo en Juan 3:14, diciendo: "*Como levantó Moisés la serpiente en el desierto, así también tiene que ser levantado el Hijo del hombre*" (NVI). Eso significa que todo lo que tenemos que hacer es reconocer al Hijo, ver realmente quien es Él, para ser transformados. En Juan 6:40, Jesús añadió a esta idea: "*Porque esta es la voluntad de mi Padre: que todo aquel que ve al Hijo y cree en El, tenga vida eterna, y yo mismo lo resucitaré en el día final*".

Sin embargo, aunque el arrepentimiento es tan sencillo, todavía tenemos que tomar la decisión de hacerlo. Se requiere que estemos de acuerdo con Dios y cambiemos nuestra mente en cuanto al pecado. Además, significa *admitir* ese pecado ante Dios y ante nosotros mismos. La confesión puede no ser lo mismo que el arrepentimiento, pero es muy difícil tener un arrepentimiento genuino sin algún tipo de confesión.

El arrepentimiento es algo que sucede, primero, entre un individuo y Dios. Sin embargo, siempre que sea posible es bueno involucrar a otras personas en el proceso. En la historia del hijo pródigo, el hijo confiesa su pecado y expresa su arrepentimiento a su padre terrenal así como también a Dios mismo.

Algunas veces, las otras personas que involucramos en nuestro arrepentimiento serán aquellas a quienes hemos lastimado con nuestros pecados. Necesitarán escuchar nuestras confesiones y que les pidamos perdón como parte de su proceso de sanidad. Y algunas veces, las "otras personas" serán amigos espirituales en quienes confiamos. Esto es sencillamente porque librarnos de la culpa, y muchas veces, se procesa mejor dentro de un grupo.

Mateo 5:23–24 se asegura que comprendamos este punto: "*Por tanto, si estás presentando tu ofrenda en el altar, y allí te acuerdas que tu hermano tiene algo contra ti, deja tu ofrenda allí delante del altar, y ve, reconcíliate primero con tu hermano, y entonces ven y presenta tu ofrenda*". En otras palabras, Dios dice: "Si quieres estar bien conmigo, arregla tus problemas con tu hermano primero. Luego regresa y ponte a cuentas conmigo".

Santiago 5:16 reafirma esto diciéndonos: *"confesaos vuestros pecados unos a otros, y orad unos por otros para que seáis sanados"*. La definición de la palabra griega traducida *sanados* significa: "ser libres de errores y pecados".[4] Otra forma de redactar este versículo es así: "Confiesen sus pecados unos a otros para que puedan ser libres".

Cuando confiese sus pecados a los demás, yo sí recomiendo que lo haga solamente con aquellas personas que fueron afectadas por él. Esos significa la persona que ha sido afectada o aquellos con quienes usted tiene una amistad estrecha. Durante un tiempo, en los círculos eclesiásticos era popular tener confesiones masivas, donde se ofrecía un micrófono abierto, y cualquier persona que quisiera podía pasar al frente de la congregación y desnudar su corazón. Con eso bastó para tener reuniones muy extrañas, ni que lo diga.

En mi experiencia, es muchísimo mejor mantener pequeño al grupo. Confiéselo a su pastor, a su líder de célula o a la gente de su célula, a su mentor, a su grupo de estudio bíblico o a la persona a quien le rinde cuentas. Si está casado, confiéseselo a su cónyuge. El punto principal es confesar. En lo que respecta al pecado, saque ese pecado a la luz. A Satanás le encanta la oscuridad y es allí donde hace su trabajo más efectivo.

Paso #3: Renuncie a las mentiras de Satanás

Toda atadura empieza con una mentira. Por lo tanto, para encontrar la libertad necesitamos exponer las mentiras, verlas por lo que son y sacarlas de nuestra cabeza. Tenemos que darle la vuelta a las ideas previas equivocadas para que podamos ver la verdad y llenar nuestra mente con las cosas buenas de Dios. Y para hacer esto debemos empapar nuestra mente con la Biblia. Tenemos que prepararnos a sí mismos para ser *"transformados mediante la renovación de* [nuestra] *mente"* (Romanos 12:2, NVI), para que sigamos descubriendo las mentiras con las que Satanás intenta engañarnos.

Lucas 15:25–29 describe algo que sucedió después de que el hijo pródigo regresó a casa y el padre le dio la bienvenida. Se refiere a la respuesta de su hermano mayor.

> *Y su hijo mayor estaba en el campo, y cuando vino y se acercó a la casa, oyó música y danzas. Y llamando a uno de los criados, le preguntó qué era todo aquello. Y él le dijo: "Tu hermano ha venido, y tu padre ha matado el becerro engordado porque lo ha recibido sano y salvo". Entonces él se enojó y no quería entrar. Salió su padre y le rogaba que entrara. Pero respondiendo él, le dijo al padre: "Mira, por tantos años te he servido y nunca he desobedecido ninguna orden tuya, y sin embargo, nunca me has dado un cabrito para regocijarme con mis amigos".*

Note los absolutos que el hermano mayor le dijo a su padre. "Yo *jamás* he desobedecido ninguna orden tuya". "Tú *nunca* me has dado un cabrito".

Esas son dos grandes mentiras, de un solo.

Definitivamente, es falso que el hermano mayor nunca haya desobedecido a su padre. Si usted tiene hijos, sabe que no existe tal cosa como un niño que *nunca* desobedece.

Sin embargo, el hijo mayor también alegó que su padre *nunca* le había dado un cabrito, la implicación es que el padre nunca le había dado nada. Pero en Lucas 15:12, el padre dividió la herencia a solicitud del hijo menor, y el texto dice: "Y él les repartió sus bienes".

¿Se dio cuenta? El padre *les* repartió. El hermano mayor ya había recibido su parte. Debido a que él era mayor, él en realidad recibió el doble de lo que recibió el hermano menor. ¡El hermano mayor era rico!

La amable respuesta del padre en Lucas 15:31 lo estructura bien: "*Hijo mío, tú siempre has estado conmigo, y todo lo mío es tuyo*". Él estaba diciendo; Hijo, tú estabas aquí conmigo todo el tiempo. Lo tenías todo". Pero el hijo no podía verlo porque su mente estaba nublada con mentiras.

Este es el problema: El hijo mayor nunca había dejado el hogar como lo había hecho el hijo menor; sin embargo, el hermano mayor aún estaba en esclavitud. Él no estaba en esclavitud por la euforia de una vida alocada o por la angustia del chiquero. Sino que estaba esclavizado a la amargura, el resentimiento, el odio, los celos, la envidia y la falta de perdón.

¿Cuántos de nosotros estamos exactamente en la misma posición? Tal vez nunca nos hayamos extraviado lejos de nuestro curso de vida justa, pero aún estamos esclavizados a las mentiras acerca de quiénes somos y a dónde pertenecemos.

Un día, mi esposa, Debbie, estaba hablando con su hermana, Mari, acerca de su niñez, cuando vivían con su mamá y su papá. (Mi suegra ahora vive cerca de nosotros en Dallas. El padre de Debbie se fue a vivir con el Señor). Las dos hermanas estuvieron de acuerdo en que habían tenido una niñez maravillosa. Pero en el curso de esa conversación, ellas también se dieron cuenta que, en algún momento, cada una de ellas había pensado que la otra era la favorita de los padres. Eso trajo a la superficie algunos viejos sentimientos de resentimiento. Cuando lo resolvieron se rieron mucho acerca de eso y, además, se dio un arrepentimiento amistoso.

Muchas personas pueden señalar malos entendidos y dinámicas familiares similares. Algunos son menores y hasta divertidos, al menos en retrospectiva. Pero otros son fuentes serias de un dolor de toda la vida y representan una esclavitud grave. ¿Alguna vez ha escuchado algo como esto? "Bueno, yo soy el hijo mayor, así que yo siempre tenía que estar a cargo". A eso yo preguntaría: ¿por qué no solo lo dice llanamente? Solo diga: "Tengo un demonio de control". O, dicen: "Soy el hijo menor, así que siempre me salía con la mía". A lo cual pregunto: "Bueno, ¿por qué no simplemente dice: 'Yo tengo un demonio de egoísmo'?" U otro dice: "Bueno, yo soy el hijo de en medio, así que soy el ignorado". O, "Yo soy hijo único, lo que significa que soy egocéntrico". ¡Tenemos que arrepentirnos de esta clase de pensamiento y renunciar a las mentiras de Satanás!

Esta es la verdad que la Palabra de Dios nos presenta de manera sencilla: Como creyentes hemos sido adoptados en una nueva familia. No importa en qué familia crecimos. Estamos en una familia nueva.

La Biblia nos dice quiénes somos. Somos hijos de Dios. Fuimos nacidos de nuevo por la Palabra de Dios, guardados por el poder de Dios, sellados por el Espíritu Santo hasta el día de la redención. Dios ha puesto todas las cosas bajo nuestros pies. Nos ha dado autoridad sobre todo poder del enemigo. Somos más que vencedores por medio de Cristo. Siempre triunfamos en Él. Mayor es el que está en nosotros que el que está en el mundo.

Esa es la verdad que echa fuera todas las mentiras. La verdad nos hace verdaderamente libres.

Paso #4: Recibir los regalos del Padre

El hijo pródigo recibió tres regalos específicos de parte de su padre en Lucas 15:22:

- Un vestido (no cualquier vestido, sino el mejor que había en la casa)
- Un anillo
- Zapatos para sus pies

Estos regalos simbolizaban el amor del padre por su hijo y el perdón sincero del padre. Sin embargo, para nosotros, aquellos que están avanzando hacia la libertad verdadera en Cristo, los regalos en esta historia también nos recuerdan lo que nuestro Padre celestial nos otorga cuando nos alejamos de nuestros pecados, pedimos liberación y reclamamos nuestro lugar legítimo como Sus hijos amados.

En este contexto, ¿qué representan los regalos?

El vestido es una prenda que cubre. Viste de dignidad y renuevo a una persona. Trae a la mente el manto de justicia descrita en Isaías 61:10:

> *En gran manera me gozaré en el Señor,*
> *mi alma se regocijará en mi Dios;*
> *porque Él me ha vestido de ropas de salvación,*
> *me ha envuelto en manto de justicia*
> *como el novio se engalana con una corona,*
> *como la novia se adorna con sus joyas.*

Si vamos a ser libres, entonces necesitamos recibir la justicia de Dios. Esa justicia no llega por algo que hagamos. Se debe a todo lo que Jesús hizo en la cruz.

Un anillo era señal de autoridad en los tiempos bíblicos. Significaba que a la persona que lo portaba se le había otorgado posición, honor, poder y responsabilidad.

Cuando Faraón estableció a José como el segundo al mando sobre todo Egipto, le puso un anillo en su mano (Génesis 41:42). Cuando Amán engaño al rey Asuero para que lo dejara ir a acosar a los judíos en Susa, el rey "tomó de su mano el anillo de sellar y se lo dio a Amán" (Ester 3:10). Cuando el rey Darío echó a Daniel en el foso de los leones, *"trajeron una piedra y la pusieron sobre la boca del foso; el rey la selló con su anillo y con los anillos de sus nobles, para que nada pudiera cambiarse de lo ordenado en cuanto a Daniel"* (Daniel 6:17).

Jesús nos da Su autoridad en Lucas 10:19, no para hacer el mal sino para hacer el bien: *"Mirad, os he dado autoridad para hollar sobre serpientes y escorpiones"*. Dentro del contexto del pasaje, esos son espíritus demoniacos sobre los cuales tenemos autoridad, no son animales del desierto. Por medio del nombre de Jesucristo, se nos ha dado todo poder sobre los espíritus malignos. Tenemos la autoridad de Dios sobre el enemigo.

Pero, ¿qué hay de los zapatos? Los zapatos son los que protegen nuestros pies. Nos ayudan a ir a diferentes lugares. Nos ayudan a hacer cosas. Y en ese sentido, representan poder.

El regalo de poder que Dios nos da no es *algo*. Es *Alguien*, el Espíritu Santo. Hechos 1:8 dice: *"recibiréis poder cuando el Espíritu Santo venga sobre vosotros"*. Dios nos ha dado el regalo de Su Espíritu Santo. Necesitamos ser llenos de la presencia del Espíritu constantemente, y ese poder está disponible si tan solo lo pedimos.

Todos reconocemos áreas de dificultad, debilidad y, probablemente, atadura en nuestra vida. La buena noticia es: ¡Más Grande es Él! *"Mayor es el que está en vosotros, que el que está en el mundo"* (1 Juan 4:4, RVR1960). Si reconocemos nuestra necesidad de ayuda, nos arrepentimos ante Dios y los demás, renunciamos a las mentiras del enemigo y recibimos la libertad por la que Jesús murió para darnos y el poder que el Espíritu Santo nos trae, ¡podemos ser libres, verdaderamente libres!

Oraciones de liberación

Para cerrar, pasemos un tiempo orando ahora mismo. Si hay alguna atadura en su vida, ¿no le gustaría ser libre? ¡Por supuesto! Así que vamos ante el Padre en oración.

Primero, le sugiero que pase use unos minutos para arrepentirse. Pídale al Señor que le traiga a la memoria cualquier pecado que haya causado esclavitud en su vida. Podrían ser cosas pequeñas. Podrían ser cosas grandes. Confiéselas en voz alta o escríbalas en un papel.

Este proceso puede tomar algunos minutos o tal vez más. Tal vez necesite llamar a alguien o escribirle una carta. Es posible que usted necesite trabajar en algunos asuntos con un amigo o consejero espiritual de confianza. Sin embargo, haga lo que sea necesario. Abra sus ojos ante el pecado en su vida, las formas en que usted se ha expuesto a sí mismo ante la influencia de Satanás. Luego, tome un momento y diga en voz alta: "Señor Jesús, yo me arrepiento".

Oremos ahora. Posiblemente quiera leer estas palabras en voz alta:

> *Padre, Te pido que me perdones por todos mis pecados, y Te pido que me liberes de toda atadura, en el nombre de Jesús.*

A continuación, quiero orar por usted y sobre usted.

> *Señor, ahora mismo, por la autoridad que Tú me has dado, tomo autoridad sobre Satanás y me dirijo a todo espíritu demoniaco que ha mantenido en esclavitud a mis hermanos y hermanas. Hago esto en el nombre de Jesús, y en Su nombre yo les ordeno que se vayan. ¡En el nombre de Jesús! No es por la autoridad de mi voz o las palabras en este papel. Es por la autoridad del Señor Jesucristo.*

Mis hermanos y hermanas están cubiertos con la sangre del Cordero. Ellos han vencido por la palabra de su testimonio y creen en Jesucristo. Ellos son nacidos de nuevo, no de semilla corruptible sino de la semilla incorruptible que vive y permanece para siempre. La Palabra de Dios es viva y eficaz y más cortante que toda espada de dos filos. Es más dulce que la miel y más pura que el oro. Y, en el nombre de Jesús, por la Palabra de Dios y por la sangre del Cordero, mis hermanos y hermanas son libertados hoy.

Tomo autoridad sobre todo espíritu de amargura o falta de perdón o resentimiento u odio o malicia o envidia o celos y les ordeno, en el nombre de Jesús, que se vayan ahora mismo.

Yo reprendo todo espíritu de inseguridad o inferioridad, temor, rechazo, odio a sí mismo, autocompasión o autodestrucción en el nombre de Jesús. Suicidio, te ordeno en el nombre de Jesús que te vayas en este momento.

Todo espíritu de enojo o ira o asesinato o violencia o rebeldía, en el nombre de Jesús te ordeno que te vayas.

Todo espíritu de inmoralidad sexual, adulterio, fornicación, lujuria, pornografía, todas las formas de impureza sexual, en el nombre de Jesús les ordeno que se vayan ahora mismo.

Todo espíritu de orgullo o mentira, todo espíritu de Jezabel, todo espíritu de engaño, manipulación o control, en el nombre de Jesús les ordeno que se vayan.

Todo espíritu de crítica, sentencioso, arrogancia, prejuicio o racismo, les ordeno en el nombre de Jesús que se vayan.

Todo espíritu de avaricia, materialismo, egoísmo, codicia o ambición egoísta, en el nombre de Jesús les ordeno que se vayan.

Depresión, ansiedad, preocupación en el nombre de Jesús les ordeno que se vayan.

Adicción, alcoholismo, borrachera, drogas, glotonería en el nombre de Jesús les ordeno que se vayan.

Todo espíritu de legalismo o de orgullo religioso o herejía o falsa doctrina en el nombre de Jesús les ordeno que se vayan.

Todo espíritu de robo o de pereza o de haraganería, incredulidad, rebeldía contra la autoridad en el nombre de Jesús les ordeno que se vayan.

Todo espíritu de culpa, remordimiento, vergüenza, humillación en el nombre de Jesús les ordeno que se vayan.

Todo espíritu de enfermedad o padecimiento, propensión a las enfermedades, problemas crónicos de salud en el nombre de Jesús les ordeno que se vayan.

En el nombre de Jesús rompo toda palabra, maldición y conjuro pronunciado sobre mis hermanos y hermanas. Toda maldición generacional, en el nombre de Jesús les ordeno que se vayan ahora mismo.

Todo espíritu demoniaco que ha mantenido a mis hermanos y hermanas en atadura, en el nombre de Jesús les ordeno que se vayan ahora mismo.

Tome otro minuto para orar por la llenura del Espíritu Santo. Si gusta, lea lo siguiente en voz alta:

> *Señor, por favor lléname completamente con Tu Santo Espíritu. Cada lugar que los espíritus malignos han dejado, por favor, llénala con el Espíritu Santo, en el nombre de Jesús. En mi vida te quiero a Ti, y solamente a Ti.*

También voy a orar por ustedes.

> *Señor, te pido que llenes a esta persona con el Espíritu Santo en este momento, desde la coronilla hasta la planta de sus pies. Te recibimos a Ti, en el nombre de Jesús. ¡Amén! ¡Amén!*

Lo que el Señor ha logrado en su corazón el día de hoy es fuerte y poderoso en verdad. Que esta sanidad que Él le ha otorgado libremente sea sellada en su corazón. Que los regalos que Él le ha dado el día de hoy permanezcan con usted siempre.

Cerremos este libro continuando en la actitud y postura de oración.

Señor Jesucristo, reprendemos todo ataque del enemigo que pudiera venir a quitarnos lo que legítimamente nos pertenece. Ni hombre, ni mujer, ni circunstancia, ni tiempo pueden tomar lo que el Creador nos ha dado hoy.

Yo declaro la sangre de Cristo sobre toda persona que lea este libro. Te damos gracias, Dios, con humildad en nuestro corazón, por Tu gracia, Tu misericordia, Tu bondad amorosa.

Que todo el que lea este libro sea protegido, en el nombre de Jesús. Que Dios guíe a cada persona a través del desierto y le proteja a través de la tormenta.

Declaramos en oración que Aquel que nos guarda no se duerme y se adormece. Él nos protege de manera vigilante y toma venganza despiadada a favor nuestro. Que estemos siempre bajo la protección de Sus alas.

Cristo con usted, Cristo en usted,
Cristo frente a usted, Cristo detrás de usted,
Cristo a su derecha, Cristo a su izquierda,
Cristo sobre usted, Cristo bajo usted,
Cristo a su alrededor, ahora mismo y para siempre.

Dios todo poderoso, Padre celestial, sopla Tu Santo Espíritu en nuestro corazón y en nuestro espíritu.

Que al temerte solamente a Ti, no tengamos ningún otro temor. Que conociendo Tu compasión, siempre estemos conscientes de Tu amor. Y que sirviéndote fielmente hasta la muerte, vivamos eternamente contigo.

Te damos gracias hoy y pedimos por todas estas cosas en el nombre del Padre, del Hijo y del Espíritu Santo. Amén.

Preguntas para meditar o discutir en grupo

1. ¿Por qué la gente tiene problema para admitir que están en esclavitud?

2. ¿Con cuál de los dos hijos en la parábola se identifica más?

3. Lea Santiago 5:16. Confesar nuestros pecados los unos a los otros es humillante y puede ser doloroso. ¿Alguna vez ha confesado sus pecados a alguien más y, luego, experimentado la sanidad? Si se siente cómodo, explique lo que sintió.

4. ¿Cuáles son algunas de las mentiras que Satanás nos cuenta acerca de nuestra identidad? En términos prácticos, ¿cómo renunciamos a estas mentiras?

5. En la Escritura se dan hermosas imágenes acerca del manto de justicia, el anillo de autoridad y el don de poder (el Espíritu Santo). ¿En qué manera nos ayudan esto regalos para ponernos en libertad?

Apéndice:

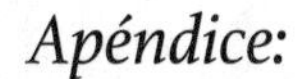

RECURSOS QUE PUEDE USAR

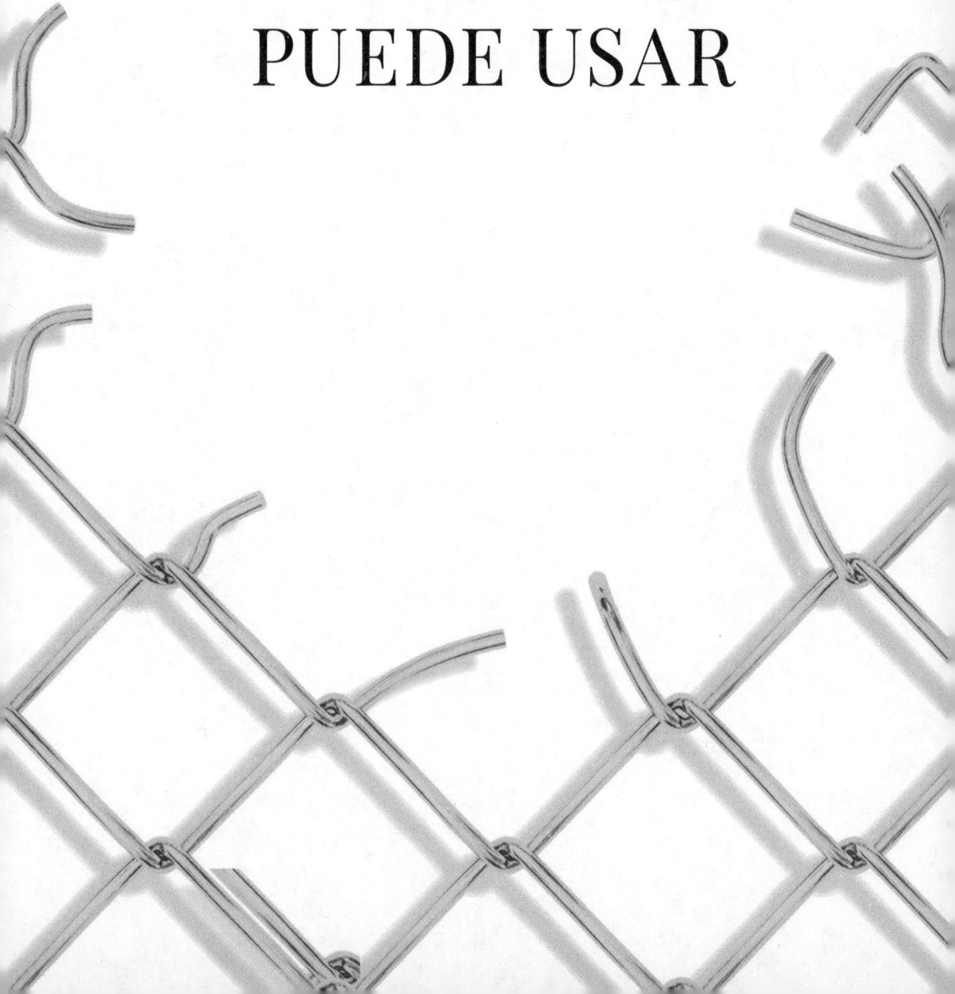

ASEGÚRESE DE QUE HA NACIDO DE NUEVO

Asegurarse de que usted es cristiano es elemental para su recorrido hacia la libertad. Para ser verdaderamente libertado, primero usted tiene que tener una imagen clara de su nueva identidad en Cristo. La seguridad de la salvación está claramente declarada en la Escritura:

> *Y el testimonio es éste: que Dios nos ha dado vida eterna, y esta vida está en su Hijo. El que tiene al Hijo tiene la vida, y el que no tiene al Hijo de Dios, no tiene la vida. Estas cosas os he escrito a vosotros que creéis en el nombre del Hijo de Dios, para que sepáis que tenéis vida eterna. (1 Juan 5:11–13)*

Si aún no ha seguido a Cristo o si no sabe con seguridad si lo ha hecho o no, entonces lea en oración los siguientes versículos que explican lo que significa convertirse en un cristiano y cómo se hace:

- Romanos 3:23
- Romanos 10:10
- Juan 3:16–17
- Efesios 2:8–9
- Tito 3:5
- 2 Corintios 13:5
- Mateo 7:13–23
- Hebreos 6:1–8
- Juan 15:7

Usted recibe a Jesucristo al creer en su corazón que Él es el Hijo de Dios y el Redentor de la humanidad, y al confesar verbalmente su amor y compromiso con Él. Estas dos respuestas constituyen el acto para recibir la fe (Romanos 10:10). Considere hacer la siguiente oración:

> *Querido Dios, Te confieso que he pecado y Te pido que me perdones de todos mis pecados. Yo creo que Jesucristo es Tu Hijo, que murió en la cruz y que resucitó de la tumba al tercer día. Yo Te recibo hoy como mi Señor y Salvador. ¡Gracias, Jesús, por salvarme hoy! En el nombre de Jesús, amén.*

Cuando usted hace una oración como esa y la dice de corazón, entonces, Dios pone Su Espíritu en usted y lo hace una nueva criatura (2 Corintios 5:17). Lo fundamental de su identidad se resuelve por el paso único de nacer de nuevo. Usted puede empezar el proceso de crecimiento y renovación de su mente.

PREGUNTAS FRECUENTES ACERCA DE LA LIBERACIÓN

1. ¿Cómo puede uno saber si el problema está relacionado con los demonios o provocado por algo más?

La manera principal en que podemos darnos cuenta si el problema está relacionado con demonios es la incapacidad de vencerlo por nuestras propias fuerzas. Le decimos a Dios, una y otra vez, que no lo volveremos a hacer, pero continuamos sintiéndonos atrapados en esa área. Ninguna autodisciplina o voluntad propia parece funcionar. Jesús declaró que la mujer en Lucas 13:10–17 tenía un espíritu de enfermedad y que Satanás la había tenido atada y ella no podía levantarse por sí misma. Las tres puertas principales que exponen a una persona a la actividad demoniaca o que son señales de actividad demoniaca son: pecar voluntaria y continuamente, enfermedad constante sin razón aparente y participación en lo oculto.

2. ¿Cuáles son los pasos clave para ser libre?

Una vez la persona se da cuenta de su necesidad de ser liberada, los pasos clave son: arrepentimiento, oraciones de liberación, ser llena o lleno del Espíritu Santo y meditación bíblica para renovar su mente.

3. ¿Puede una persona orar por liberación por sí misma o es necesario ir con un pastor o mentor espiritual y pedirle a esa persona que ore?

Una persona puede orar por liberación sola o solo, aunque con frecuencia, es beneficioso y recomendable que alguien, dentro de un grupo de creyentes, que tenga liderazgo espiritual, ore por ella o el.

4. Si una persona ora por liberación, pero el problema continúa, ¿qué hacer?

Pídale al Espíritu Santo que le muestre lo que se interpone en el camino de su libertad. ¿Hay algún pecado no confesado? ¿Hay algo presente en su vida que les dé a los demonios derecho legal para influenciarle? ¿Necesita perdonar a alguien? La liberación es parte del proceso continuo de seguir a Cristo. La libración puede ser tanto un evento de una sola vez como, también, parte de un proceso continuo de liberación. Si el problema continua, entonces es sabio buscar consejo y dirección de líderes espirituales.

5. Si una persona es liberada, pero recae en el pecado, ¿regresarán los demonios?

Hebreos 12:1–2 es claro en que algunos pecados pueden entrampar o envolver fácilmente a una persona. Como resultado, la actividad demoniaca puede o no ocurrir. Mateo 12:43–45 ofrece una imagen de la guerra espiritual en la cual una persona es liberada de la actividad demoniaca, pero continúa en su incredulidad. Un contingente demoniaco más grande entra al ataque. Sin embargo, Jesucristo siempre es más grande que Satanás y su equipo (1 Juan 4:4).

6. ¿Puede una persona orar de manera anónima por otras personas quienes sospecha que están bajo opresión demoniaca? Si así fuera, ¿ocurriría la liberación?

Definitivamente, una persona puede orar con autoridad, en el nombre de Jesús, por cualquier cosa que esté de acuerdo con la voluntad de Dios. Por ejemplo: una persona podría orar por la limpieza de una ciudad, por la liberación de un amigo o familiar con quien no ha tenido contacto durante algún tiempo. A la vez, la liberación no está garantizada en esas situaciones porque tiene, por voluntad propia, que querer ser libre. Sin embargo, siempre se recomienda orar porque sabemos que Dios siempre escucha nuestras oraciones (1 Juan 5:15).

7. ¿Pueden los demonios habitar en una región o un espacio determinado, tal como una habitación en una casa? ¿Qué se puede hacer al respecto?

La Escritura es clara en que algunos demonios son territoriales (Daniel 10:12–13; Marcos 5:8–13). Es bueno y correcto orar por la limpieza espiritual de las habitaciones en una casa; por ejemplo, cuando usted se mude a una nueva residencia o hasta cuando se hospede en un hotel por una noche. En el nombre de Jesucristo, ordene a cualquier presencia demoniaca que se vaya a donde Jesús los mande. Pídale al Espíritu Santo que llene la habitación o la región con Su presencia dulce, pacífica y poderosa. En su propia casa, asegúrese que no hay artículos de adoración falsa o cualquier otro artículo de pecado manifiesto. Si así fuera, quite los artículos, tírelos o destrúyalos. Tal vez quiera usar la siguiente oración que sugerimos:

> *Padre celestial, reconozco que Tú eres el Señor del cielo y la tierra. En Tu poder y amor soberanos me has dado todas las cosas abundantemente para disfrutarlas. Gracias por este lugar para vivir. En el nombre de Jesús limpio esta casa para mi familia y la declaro un lugar de protección y seguridad espiritual contra todos los ataques del enemigo.*
>
> *Como hijo o hija de Dios sentado con Cristo en el reino celestial, ordeno a todo espíritu maligno que reclame territorio en las estructuras y mobiliario de este lugar que se vayan y no regresen. Renuncio a todas las maldiciones y conjuros utilizados contra este lugar.*
>
> *Te pido, Padre celestial, que pongas ángeles guardianes alrededor de esta casa, para guardarla de los intentos que el enemigo haga para entrar y perturbar Tus propósitos para mí. Te doy gracias, Señor, por hacer esto y oro en el nombre del Señor Jesucristo, amén.*

8. Si una persona está enferma y se sospecha actividad demoniaca como razón de que lo esté, ¿qué curso de acción debería tomarse?

Los pasos para cualquier ministración de liberación son los mismos: confesión, oraciones de liberación, llenura del Espíritu

Santo y meditación bíblica. Adicionalmente, Santiago 5:14–16 llama a los ancianos de la iglesia a ungir al enfermo con aceite y orar sobre él o ella. Tome este verso de manera literal. En otras palabras, llame a los ancianos de su iglesia o a los líderes espirituales y haga que apliquen un toquecito de aceite de oliva o aceite de cocina en la frente del enfermo, luego, que oren por sanidad. Tal vez quiera usar la siguiente oración sugerida:

> *Padre celestial, Tu Palabra dice en Éxodo 15:26 que Tú eres el Señor que sana a las personas. Hoy, Señor, proclamamos que el mismo poder que resucitó a Cristo de los muertos está inundando el cuerpo de [diga el nombre de la persona] con sanidad. Reprendemos a Satanás y a todo espíritu demoniaco que venga en contra de [diga el nombre de la persona], en el nombre de Jesús.*
>
> *En el nombre de Jesús, oramos que ninguno de estos síntomas siguientes [mencione los síntomas] continúen presentes, y que [diga el nombre de la persona] sea sanado y que se ponga bien. Señor, pedimos que toda célula, tejido y órgano en su cuerpo funcione en la perfección en la que Tú la creaste.*
>
> *Te damos gracias, Señor, porque en este momento el cuerpo de [diga el nombre de la persona] está alineándose con Tu Palabra y recibiendo salud y sanidad ahora mismo. Gracias por ser nuestra ayuda permanente en tiempos de necesidad. Oramos en el nombre de Jesús, amén.*

9. ¿Pueden los niños ser oprimidos por demonios? Si así fuera, ¿qué deben hacer los padres o las personas que los cuidan?

La Escritura muestra varios ejemplos de niños que son oprimidos por demonios, ya sea por su propio pecado o por estar en un ambiente de pecado manifiesto. Siga los mismos pasos por la liberación de los niños como lo haría por un adulto.

Se requiere mucho cuidado con los niños para asegurarse que ellos no se asusten por la experiencia de que se ore por ellos en un contexto de liberación. Mantenga al mínimo el número de personas que oran por el niño. Mantenga su voz baja, calmada y pacífica. Asegúreles a los niños, a través de Escrituras, que Cristo es más grande que cualquier demonio (1 Juan 4:4) y que ellos no son malos porque el enemigo los esté atacando. Usted puede señalar que el diablo también atacó a Jesús y sabemos que Él no era una mala persona.

Note que siempre hay asuntos legales seculares que rodean el cuidado de los niños, de manera que se debe tener mucho cuidado en seguir las leyes locales, regionales y federales, en especial si usted tiene al niño bajo su cuidado, pero no es el padre o la madre biológica. Por ejemplo, un maestro de escuela dominical o un líder de jóvenes no deberían orar por la liberación directa de un niño o adolescente a menos que los padres o responsables legales estén presentes o hayan sido notificados y estén de acuerdo.

Si usted es padre, entonces ore con regularidad por la protección de sus hijos contra los ámbitos espirituales. Si sus hijos son creyentes, ore que ellos sean completamente llenos del Santo Espíritu de Dios.

10. ¿Cómo puede una persona romper cualquier conexión no saludable que él o ella hayan desarrollado en el curso de una relación romántica previa?

Llamamos a estas conexiones no saludables "ataduras del alma", y pueden ocurrir si la gente ha participado en relaciones sexuales fuera de los límites del matrimonio.

La relación sexual en el pacto matrimonial está diseñada para crear una unión significativa y para unir a dos personas en una. Las relaciones sexuales están diseñadas por Dios para la unión de la mente, el cuerpo, las emociones y el espíritu. Esta conexión no está limitada al acto sexual. Cualquier interacción que involucre los instintos sexuales puede crear tal conexión. Ser libre del pecado sexual requiere el paso adicional de someter esta atadura al Señor para que corte cualquier conexión no santa y no saludable.

Quizá quiera usar la siguiente oración:

Querido Señor, confieso que me he involucrado en actividad sexual fuera del matrimonio y reconozco que es un pecado. Desarrollé una conexión sexual con [diga el nombre de la persona], y Te pido que rompas cualquier atadura del alma que haya sido creada entre esta persona y yo. Te pido que me restaures cualquier cosa que se haya perdido o tomado durante estas conexiones sexuales, y oro que Tú remuevas cualquier detrimento que haya quedado en mí desde el momento de esas conexiones. Tu Palabra dice que Tú eres un Dios de restauración, así que ahora Te pido que restaures mi pureza y me hagas limpio ante Tus ojos y ante los míos también. Te agradezco por la obra que estás haciendo en mí y pido que Tú la selles por el poder del Espíritu Santo. En el nombre de Jesús, amén.

11. ¿Pueden las personas estar oprimidas por demonios debido a algo que sus padres, abuelos o ancestros hicieron?

Sí. La iniquidad generacional es sencillamente una predisposición a ciertos pecados, heredada de nuestros ancestros. Aún después de haber tratado con los pecados personales, los patrones problemáticos y las circunstancias en su vida podrían continuar. Los pecados generacionales son transferidos a través del ejemplo de comportamiento que usted vio, a través de "genes espirituales" y a través de la ley de la siembra y la cosecha (Gálatas 6:7–8). Es probable que usted necesite tratar espiritualmente con cualquier patrón de pecada que haya heredado de sus antepasados.

Somos responsables por los pecados e iniquidades que cometemos. No somos culpables de los pecados de nuestros antepasados o responsables de lo que otros han hecho por sí mismos en el pasado. Sin embargo, eso no elimina el hecho que estemos altamente influenciados por el ambiente en el que nos criaron. Se nos da la elección de andar en justicia o de ceder a la inclinación de las tendencias de nuestros ancestros hacia algún pecado en particular.

¿Qué áreas de pecado, rebeldía o actividad oculta han adoptado las generaciones pasadas de su familia? ¿Qué clase de enfermedades o padecimientos se han evidenciado en su familia? Si usted reconoce un problema de iniquidad generacional, pero no conoce su fuente, pídale al Espíritu Santo que le guíe a toda verdad (Juan 14:16–17).

Romper la iniquidad generacional empieza con el deseo de ver cambios en sí mismo y en los miembros de su familia. El proceso no es raro, místico o supersticioso. Lo que implica obtener tal liberación es confesar los pecados e iniquidades de sus ancestros (Éxodo 20:5–6) y pedirle a Jesús que limpie su genealogía para romper cualquier maldición o actividad demoniaca resultante.

Probablemente quiera orar usando las siguientes palabras:

Gracias, Señor Jesús, por mi padre, mi madre y las generaciones que han pasado antes de mí. Gracias por lo bueno que he cosechado de su labor. Confieso que vengo de una familia que no ha sido perfecta. Entiendo que los pecados y las iniquidades de mis ancestros influencian mi propia herencia espiritual. Reconozco esta herencia ante Ti hoy para recibir Tu promesa de limpieza y restauración (Levítico 16).

Los pecados y las iniquidades de mis ancestros incluyen [nombre los pecados y las iniquidades]. Padre celestial, aunque estos pecados fueron una vez parte de mi herencia, yo renuncio a todos ellos en el nombre de Jesús, y renuncio a cualquier implicación que, como resultado, haya influenciado mi vida. Yo cubro mi pasado y mi legado con la sangre de Jesús.

Confieso que estos pecados han sido separados de mí ahora y lavados por la sangre de Tu Hijo, Jesús. Además, declaro en oración que he sido hecho una nueva criatura en Cristo y que se me ha dado una nueva herencia. Yo reclamo mi nueva herencia en Cristo.

Gracias por darnos a mí, a mis hijos y a mis futuros descendientes una nueva herencia y un nuevo futuro. En el nombre de Jesús, amén.

MINISTERIO DE LIBERACIÓN Y LA LLENURA CORRESPONDIENTE POR PARTE DEL ESPÍRITU SANTO

REPRENDER Y ECHAR FUERA	REFERENCIA BÍBLICA	LLENURA DEL ESPÍRITU SANTO PARA RECIBIR	REFERENCIA BÍBLICA
Espíritu de enfermedad	Lucas 13:11	Vida, sanidad	Romanos 8:2; 1 Corintios 12:9
Espíritu de temor	2 Timoteo 1:6–7	Fe, amor, poder, dominio propio	2 Timoteo 1:7
Espíritu de adivinación	Hechos 16:16–18	Dones del Espíritu	1 Corintios 12:9–12
Espíritu de prostitución	Oseas 4:12	Pureza	Filipenses 4:8
Espíritu de esclavitud	Romanos 8:15	Libertad	Romanos 8:15
Espíritu de altivez	Proverbios 16:18–19	Humildad	Proverbios 16:19; Colosenses 3:12
Espíritu de distorsión	Isaías 19:14	Santidad	Zacarías 12:10; Romanos 1:4
Espíritu del anticristo	1 Juan 4:3	Verdad	1 Juan 4:6
Espíritu sordo y mudo	Marcos 9:25–27	Capacidad para escuchar y entender la voz de Dios	Romanos 8:11; 1 Corintios 12:9
Espíritu de mentira	2 Crónicas 18:22	Honestidad	Juan 14:17; 15:26; 16:13
Espíritu angustiado	Isaías 61:3	Alabanza	Isaías 61:3; Romanos 15:13
Espíritu de celos	Números 5:14	Amor de Dios	1 Corintios 13; Efesios 5:2
Espíritu de estupor	Romanos 11:8	Claridad de mente y de corazón	2 Timoteo 1:7; Mateo 5:8
Espíritu del error	1 Juan 4:6	Verdad, rectitud	Salmo 51:10; Juan 16:13

NOTAS

Capítulo 1: Mayor es Él

1. C. S. Lewis, Cartas del diablo a su sobrino, repr. ed. (HarperOne).
2. Jack Hayford, Conferencia School of Pastoral Nurture, *The Kings University*, otoño 2006.
3. *Zomai* is a derivative of the word *ktaomai*, which is used in Luke 21:19, and is spelled *zomai* only when it is combined with the word *daimoni*. James Strong, *Enhanced Strong's Lexicon* (Logos Bible Software, 2001): "to be under the power of a demon".
4. *Vine's Expository Dictionary of Biblical Words* (Thomas Nelson, 1985): *ktaomai* (kta/omai, NT: 2932), "to procure for oneself, acquire, obtain," hence, "to possess."
5. Johannes P. Louw and Eugene Nida, *Greek-English Lexicon of the New Testament Based on Semantic Domains*, Logos Bible Software (United Bible Societies, 1996): 12.41, *"to be possessed by a demon—'to be demon possessed.'"*
6. Strong, *Enhanced Strong's Lexicon*: 5117.
7. Hayford, Conferencia.

Capítulo 2: Tres grandes señales de alerta

1. Por ejemplo, vea 1 Juan 3:4–9 y 1 Juan 5:16–18.

Capítulo 3: Cuidado con los caldeos

1. Walter A. Elwell and Philip W. Comfort, *Tyndale Bible Dictionary* (Tyndale House): *"The name of a land, and its inhabitants, in S Babylonia, later used to denote Babylonia as a whole, especially during the last dynasty of Babylonia* (626–539 BC)."
2. Stelman Smith y Judson Cornwall, *The Exhaustive Dictionary of Bible Names* (Bridge-Logos): Chaldeans #3.
3. Por ejemplo, vea Juan 10:11–12.
4. Charles Caldwell Ryrie, *"The Doctrine of Satan"* y *"The Doctrine of Demons"* en *The Ryrie Study Bible* (Moody Bible Institute).
5. James Strong, *Enhanced Strong's Lexicon* (Logos Bible Software): 3180, from a compound of 3326 and 3593 [cf "method"].
6. *Ibíd*: 1080, *bâla*, corresponding to 1086 (usada solamente en sentido mental).

Capítulo 4: Romper la trampa del orgullo

1. Vea Marcos 15:16.

Capítulo 5: Romper la trampa de la amargura

1. James Strong, *Enhanced Strong's Lexicon* (Logos Bible Software): 3392, *miaino, "to dye with another colour, to stain."*

Capítulo 6: Romper la trampa de la codicia

1. Por favor observe que hay muchas buenas iglesias que pasan el plato de la ofrenda como parte ordinaria de sus servicios semanales. Usan este método con cuidado y no por ganancias deshonestas. De ninguna manera quiero que se malinterprete este método.
2. Observe que el libro de Proverbios da principios generales dados por Dios en cuando a vivir de forma sabia en vez de mandamientos específicos. Incluso el principio de las primicias como mandamiento específico se encuentra en otras porciones bíblicas. Vea Éxodo 13:2; Levítico 23:10–14; Números 18:12; 2 Crónicas 31:5; Ezequiel 44:30; Nehemías 10:35; Romanos 11:16; y más.

Capítulo 7: Romper la trampa de la lujuria

1. James Strong, *Enhanced Strong's Lexicon* (Logos Bible Software)

Capítulo 8: Romper las trampas en su mente

1. Estoy en deuda con Jimmy Evans, autor y CEO del ministerio *Marriage Today* en Dallas por su enseñanza en este tema. El libro de Jimmy, *A Mind Set Free: Overcoming Mental Strongholds Through Biblical Meditation* (Majestic Media Resources, 2000, 2004) es un excelente recurso para cualquiera que necesite ayuda adicional.
2. James Strong, *Enhanced Strong's Lexicon* (Logos Bible Software).
3. Johannes P. Louw y Eugene Nida, *Greek-English Lexicon of the New Testament Based on Semantic Domains*, Logos Bible Software (United Bible Societies).

Capítulo 9: Romper las trampas de las heridas pasadas

1. James Strong, *Enhanced Strong's Lexicon* (Logos Bible Software).
2. *Ibíd*: 2588.

Capítulo 10: Una oración para recibir libertad

1. James Strong, *Enhanced Strong's Lexicon* (Logos Bible Software).
2. *Ibíd*: 3341.
3. Johannes P. Louw e Eugene Nida, *Greek-English Lexicon of the New Testament Based on Semantic Domains*, Logos Bible Software (United Bible Societies, 1996): 41.52.
4. Strong, *Enhanced Strong's Lexicon*: 2390, *iaomai.*